名师工程
名师解码系列

"国培计划"优秀成果出版工程
"国培计划"全国优秀研修成果数字出版平台

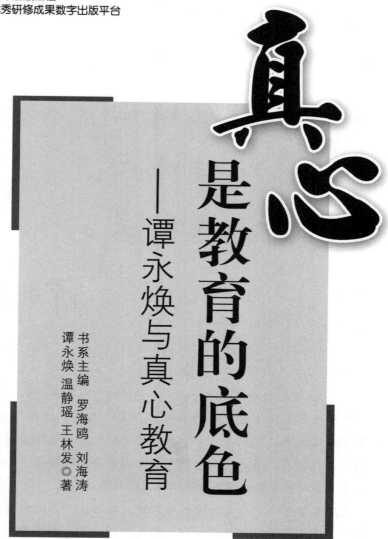

真心
是教育的底色
——谭永焕与真心教育

书系主编 罗海鸥 刘海涛
谭永焕 温静瑶 王林发◎著

广东省普通高校人文社科重点研究基地粤西教师教育研究中心项目
"基础教育课程改革与教师专业成长研究"（11JDXM88001）研究成果

西南师范大学 出版社
全国百佳图书出版单位　国家一级出版社

待人以真，
育人以心。
以心唤心，
心诚则灵。

谭永焕

谭永焕，湛江市第十八小学校长，湛江市第十三届人大代表，广东省特级教师，广东省"百千万人才工程"名校长培养对象，广东教育学会理事，湛江市小学语文专业委员会副理事长、小学教育专业委员会副理事长，湛江市小学语文学科带头人。

长期致力于小学语文的改革与实践，凝炼出"真心教育"的教学理论，大力倡导"关注学生一生发展"的办学思想，提出了"善待顽劣，静听花开"的育人理念和语文教学"三点论"。主持和参与多项省厅级课题。在中文核心期刊《小学语文教师》等报刊发表论文30余篇，教学成果荣获省市级多项奖项。

# 《名师工程》
## 系 列 丛 书

《名师工程》系列丛书

# 征 稿 启 事

　　《名师工程》系列丛书是西南师范大学出版社策划、组织出版的大型系列教育丛书。丛书以新课程下的新教学为背景，以促进施教者的教育能力为落脚点，以提高教育质量、提升教师水平为宗旨。

　　丛书首批推出的"名师讲述""教学提升""教学新突破""高中新课程""教师成长""大师讲坛""教育细节""创新语文教学""教育管理力""教师修炼""创新数学教学""教育通识""教育心理""创新课堂""思想者""名师名课""幼师提升""优化教学""教研提升""名校长核心思想""名校工程""高效课堂""创新班主任""教育探索者"等系列，共160多个品种，其余系列也将陆续出版。为了让广大教师有一个交流、借鉴的机会，同时也为了给广大教师提供更多、更好的图书，《名师工程》系列丛书编辑出版委员会特向全国教育工作者征集稿件。

**稿件要求：**

1.主题鲜明、新颖，有独创性。

2.主题以提升教育能力为主，也可适当外延。

3.主题要有一定规模、有典型案例支撑。

4.案例要贴近教育实际，操作性强。

5.文章、书稿结构清晰，语言精彩。

　　书稿作者在选题确定之后，请及时与我们做好沟通，具体事宜确定好之后再进行创作；也欢迎用已经完稿的稿件投稿。一线教师如希望参与图书案例的创作，可联系我社策划机构，由策划机构备案，在适合的图书中参与创作。

　　真诚欢迎各位教师踊跃投稿。

**联系方式：**

西南师范大学出版社高教分社

电话：023-68254356　　E-mail：zcj@swu.cn

西南师范大学出版社高教分社北京策划部

电话：010-68403096

E-mail：guodejun1973@163.com

# 编者的话

当前，以人为本的教育理念正在逐步深化，素质教育以及基础教育课程改革不断推进。在这场深刻又艰苦的教育改革中，涌现了无数甘为人梯、乐于奉献的优秀教师。他们积极探索、更新观念、敢于创新、善于改革，在实践中创造性地发展、总结了很多先进的教育思想、教育理念；创造性地开发了很多新的教学模式、教学内容和教学方法。这些新思想、新模式、新方法在实践中极大地提高了教学质量，是教育改革实践中的新内涵和宝贵财富。这些优秀教师就是我们的名师，这些新内涵就是名师的核心教育力。整理、总结、发展、推广这些教育新内涵，是深化教育改革、完善教育体制、提高教育质量、提升教师水平的一件大事。

教育，是民族振兴的基石；教师，是教育发展的根基。

胡锦涛在全国优秀教师代表座谈会上指出："教师是人类文明的传承者。推动教育事业又好又快发展，培养高素质人才，教师是关键。没有高水平的教师队伍，就没有高质量的教育。"十七大报告又进一步强调了必须加强教师队伍建设，不断提高教师的素质。当今世界，社会进步一日千里，科技发展日新月异，知识更新的周期越来越短。教师作为"文明的传承者"更要与时俱进，刻苦钻研、奋发进取，尽快提升自身素质和能力，为推动教育事业的健康发展贡献自己的力量。

基于以上，西南师范大学出版社策划、组织出版了大型系列教育丛书——《名师工程》。希望通过总结名师的创新经验、先进理念，宣传名师的核心教育力，为广大教师职业生涯提供精神源泉和实践动力，在教育实践层面切实推动从教者职业素养的提升。通过《名师工程》实现"打造名师的工程"。

丛书在策划、创作过程中力求实现以下特色：

**一、理念创新，体现教育的人本精神**

教师角色在以人为本的教育理念下发生了重大的变化，教师的素质和能力也面临更高的要求。如何弘扬、培植学生的主体性、增强学生的主体意识、发展学生的主体能力、塑造学生的主体人格等问题成为教师在目前教育中亟待解决的难题。丛书以教育管理者和教师为主要读者对象，通过教师综合素质的提高而将人本教育的思想落实到教育实践中，真正实现教育培养人、塑造人、发展人的本质要求。

**二、全面构建，系统提升教师的教育能力**

丛书选题的最大特点就是系统、全面地针对教师教育能力的提升而展开。施教者的能力决定教育的效果，教育改革的落实、教育效果的提高无不体现在教师身上。丛书针对不同教育能力、不同教学要求、不同教育对象，有针对性地设置选题。棘手学生、课堂切入、引导艺术、班主任的教导力、互动艺术、课堂效率、心灵教育等等，这些鲜明的主题从教育的细节出发，从教育实际情况出发，有针对性地解决问题，让教师在阅读中学有所指、读有所获。

**三、科学权威，体现教育的时代前沿性**

丛书邀请全国各地著名的教育工作者执笔，汇集在教育改革与实践中涌现的先进理念、成果和方法，经过专家认真遴选、评点总结而成，代表了目前教育实践中先进的教育生产力，具有时代前沿性，是广大一线教师学习、借鉴的好素材。

**四、注重实践，突出施教的实用价值**

丛书采用了通俗的创作方法，把死板的道理鲜活化，把教条的写法改变为以案例为主，分析、评点为辅，把最先进的教育理念和方法融入有趣的情境中。经典的案例，情境式的叙述，流畅的语言，充满感情的评述，发人深省的剖析，娓娓道来、深入浅出，让教师更充分地领会先进、有效的教育方法。

在诸多教育、出版界同仁的支持与努力下，《名师工程》陆续推出了《名师讲述系列》《教学提升系列》《教学新突破系列》《高中新课程系列》《教师成长系列》《大师讲坛系列》《教育细节系列》《创新语文教学系列》《教育管理力系列》《教师修炼系列》《创新数学教学系列》《教育通识系列》《教育心理系列》《创新课堂系列》《思想者系列》《名师名课系列》《幼师提升系列》《优化教学系列》《教研提升系列》《名校长核心思想系列》《名校工程系列》《高效课堂系列》《创新班主任系列》《教育探索者系列》等系列，共 160 多个品种，后续图书也将陆续出版。

丛书在出版创作过程中得到各地、各级教育部门与教育工作者的大力支持与帮助，在此一并表示感谢！

教育事业是全社会共同的事业，本丛书的出版一方面希望能对广大教育工作者有所帮助，共飨先进成果；另一方面也是抛砖引玉，希望更多的教育工作者参与到出版创作中来，百家争鸣、百花齐放，为促进教育事业的发展共同努力！

# 总　序
# 名师的"底牌"

　　一个名师懂得学生的学习实际上就是为了获得美好的人生，懂得教学就是为了有效地提高学生的发展能力，也懂得学生的能力包括知识、技能和态度三个方面，更懂得培养学生这三方面能力的方式也应不同。一个名师十分清楚：知识的教育在很大程度上应该通过学校教育来完成；大部分生活技能应该通过家庭中父母的生活教育来完成；态度的改变、价值观的形成应该通过人文教育、社会教育来完成。

　　对应着知识、技能、态度的是学校教育、生活教育、社会教育，一个名师在这三种类型的教育中应有自己的思考。譬如说，信息时代的名师非常清楚慕课的建设能使学校的教育教学产生革命性的飞跃，他会像拍一部好看的电视连续剧那样去精心设计教学内容和教学过程。那些知识点的精彩讲授，那些教学互动、教学训练的有效安排，那些教学案例与测评系统的精心设计……都将使学生高效、快乐地获得知识，发展能力。

　　譬如说，一个名师的教育智慧在挖掘和发挥家庭教育的作用上也有充分的体现，他会告诉家长们怎样做一个胜过老师的好父亲、好母亲，怎样看到自己孩子的潜质和特长，怎样正确评价自己孩子的优点和缺点，怎样鼓励自己孩子去克服自卑、克服厌学而获得学习的成就感和快乐感；他会根据生活的实际状态，告诉家长在信息时代里如何培养自己的媒体素养和读写能力，如何以自身的读写形象来引导孩子的读写活动，以至能艺术地、不动声色地让自己的孩子养成终身受益的读写习惯。

　　譬如说，一个名师的教学理念与教学方法的科学性，体现在他深深地懂得：人们对大千世界的研究是从个别、具体、感性走向共性、本质、理性的，而教育的过程则是从共性、本质、理性走向个别、具体、感性的，

故事教育就能很好地体现这一过程。我们看到，一个名师注重教育叙事的研究和撰写，很善于通过教学案例或教育故事的讨论与叙述来感染、感动学生的情态，改变学生的态度和情感。他研究故事的讲述模型和讲述技巧，他的教学常常是案例或故事先行，而到故事结尾，又非常睿智地点破这个教育案例或教学故事本身所包含着的教育理论和人生哲理。他非常清楚，具有正能量的榜样，在精彩的、有魅力的叙述中将产生正面说教不具有的力量。

本套丛书中的几位名师，全都在自己的教育教学领域做出了傲人的成绩。

比如，刘海涛是中国大陆第一个开设"微型小说写作"课程的人，他运用实践性学习的先进的课程思想、理念和方法，通过系统的、科学的教学设计，引导学生"自由写作""回应写作"，把"微型小说研究"建设成为一门研究型课程。在此过程中，他核心的课程理念和基本的教改方法——"研究性实践教学"逐渐清晰，并对此进行了初步的理论归纳和学术表达。同时，利用专题学习网站等现代教育技术创新课程形态，使"写作"课程从传统转型为现代。他的研究型课程教材《微型小说学研究》（3卷本）获"第四届小小说金麻雀奖"理论奖，《新写作》一书在2010年由高等教育出版社出版；学生的研究性学习成果《感动大学生的100篇微型小说》，在第八届"挑战杯"广东大学生课外学术科技作品竞赛中获得一等奖。

比如，梁哲顶着压力，在课堂中悄悄进行教学改革，并经过探索与实践，形成了"激问、激趣、激思"的教学风格，提出了"双主协调，共同发展"的教学理念，凝炼了"四环节开放式教学"的教学模式，在专业精神、专业知识、专业技能、教学研究和班级管理等方面不断丰富自我，超越自我，彰显自己，形成了自己的教学特色，受到业界的关注和肯定。

比如，张旭"弘扬传统文化，传承国学经典"，在现代教育中融入传统文化因素，着力构建"书香校园"，让学生接受优秀传统文化的熏陶，学会做人，学会做事，学会成长，明白"诵经尊孔学做人，知书达礼成大业"的道理，使一所创办不久的学校成为奇迹的明证。

比如，谭永焕长期致力于教学改革与实践，凝炼了"真心教育"的教学理念，形成了"教学的切入点要巧妙，课堂的动情点要凸显，课程的训练点要扎实有效"的教学特色，教育效果显著，引起广泛关注。

比如，谢文东主张和探索"国学为本，儒雅成才"的教育思想，确立"承启办学，厚德育人，精益求精"的办学理念，致力于儒雅教育的改革与研究，成绩斐然，产生了较大反响。

教学名师之所以深受社会认可，是因为他们拥有先进的教育理念、娴熟的教学技能、丰硕的教学成果、优秀的人格品质，与应试教育观念"反其道而行之"，他们的教育行为包含着教育的本义。教学名师懂得真正的教育智慧和教育艺术，他们懂得观察生活，并从中吸取智慧，让自己的课程建设、课堂教学、教育行为等体现出一种先进的、科学的教育理念与方法。从他们丰硕的教学成果中，我们看到他们在除却教育弊病时振臂直呼，看到他们对学生的那种满腔热情的大爱，看到他们对自己职业的一种执着追求，也看到了他们日常生活的凡人像和隐藏在内心深处的坚韧劲。

是为序。

刘海涛

2014 年 7 月 26 日

# 目　　录

## 上篇　专业成长

## 下篇 教育策略

本篇主要简述了主人公谭永焕由教师身份转变为校长身份的过程中的一些专业积累和积淀，从成为一名教师应具备的素养的角度，叙述了主人公在塑造专业教师的初期的心理状态和自身的各种努力。

## 上 篇　专业成长

真心是教育的底色

# 第一章 落后与奋起：
# 教师到校长的专业成长

## 第一节 在寂寞中学会思考

少年谭永焕以优异的成绩被廉江师范学校录取。像很多人一样，摆脱了紧张的升学考试，谭永焕觉得自己"解放"了，可以不用再埋头苦学了。新环境、新老师、新同学、新课堂、新知识……一切都让他感到兴奋、新奇。可是过了不久他就发现了自己的许多不足，于是开始尝试着提高，以打造一个全新的自己。

### 一、 专业拓展

### （一）摸索中成长

在小学和中学，谭永焕接受的教育很不全面。语文和数学几乎是他小学时期的全部课程，初中时科目开始增多了，但像美术等所谓的"副科"仍是语文、数学、英语等学科的"陪衬"。谭永焕的小学和初中是在"应试教育"的环境下度过的，上了中师后，才发觉自己的知识和文化是那么匮乏。于是，他打造了提升自己综合素养的"提升工程"，为自己的专业发展打下了良好的基础。那段时间谭永焕成了图书馆、美术室、乐器室的常客。

"当时我是既兴奋又期待，心想这就是我梦寐以求的中师，从此以后我就要在这里开始我的新人生了。那时候也对中师的一切都充满着好奇。

当我真正开始我的中师学习生活时，最大的感悟就是，中师的教育是真正的素质教育！我们不用再面对升学的压力，在那里我们可以学习任何感兴趣的知识，不用再受到应试教育的限制，可以广泛涉猎喜欢的事物。总之，中师的学习是轻松愉快的。"

初到廉江师范学校，谭永焕对一切都感到新奇。与此同时，他又觉得以前学到的东西实在太少了，必须从头学起。为弥补之前的不足，他开始了他的"知识掠夺战"。之前，谭永焕对音乐、美术等科目接触甚少，因此他决心要努力弥补这方面的不足。除了上课时间，谭永焕频繁出入音乐室、美术室。他不是艺术专业的，只能旁听音乐、美术等课程。那时，他特地去查看艺术专业的课表，只要一有空就去旁听，他会早早地坐在教室里，等待着老师。音乐课上那美妙的声乐，让谭永焕的心灵深处激起层层波澜。久而久之，艺术专业的教师和学生都知道有一个叫谭永焕的旁听生对艺术甚是着迷。就是在这样的课堂上，谭永焕知道了聂耳、冼星海等音乐家，也知道了"八大仙人"、齐白石等艺术家。谭永焕说，他看到齐白石笔下栩栩如生的虾，觉得画画真的是一件非常神奇的事情。

书法、美术、音乐这些在谭永焕小学和初中时无法深入学习的课程，成了他中师时的兴趣所向。都说兴趣是学习最大的动力，由于对这些课程充满了兴趣，充满了期待，他每次上课都听得非常入迷。谭永焕十分感慨地说："读了中师，我才知道执笔是书法课上首要的学习内容；读了中师，我才在美术课上了解到什么是国画、什么是素描；读了中师，我才了解原来音乐是由那么优美的五线谱谱出来的。"由于基础不太好，谭永焕学得并不是很好，他常常自嘲是音乐学院"跑调系"毕业的学生。但是，这无法阻止他的学习热情，他广泛涉猎，积累了较深厚的文化素养。这些积累或许不能为谭永焕带来什么实质性的帮助，却让他在精神上获得了质的提升。

阅读一直是谭永焕的爱好，过去，他的阅读多停留在"小人书"阶段，现在他开始广泛阅读教育、文学、历史等书籍。以前，他的阅读多是出于兴趣，现在除了兴趣，又多了一些自己的思考。苏霍姆林斯基认为，"如果你的学生感到你的思想在不断地丰富着，如果你的学生深信你今天所讲的不是重复昨天讲过的话，那么阅读就会成为你的学生的精神需要。"谭永焕想，若要做好教书育人的工作，首先要做一个真正的读书人。身为准教师的谭永焕深知，自己必须不断充实，才能胜任教师这个职业。这个想法，使他具有了最初的使命感。

### （二）受教中悟教

由于小学、初中的应试教育给谭永焕留下了太多的遗憾，所以读中师时，他很珍惜这种丰富多彩的学习生活，并在学习过程中，对自己以后所从事的职业有了更全面的领悟。在中师时，一位教写作的老师对谭永焕的影响很大。

"中师给我留下了很多美好的记忆，让我难以忘怀，其中有一件事给我感触很深。那是我们的第一堂写作评讲课，当时我想着那个老师应该是遵循那种'表扬好的、批评差的'评讲规律，讲完就下课。没想到他竟拿着我们的作文细细评讲。他一个个纠正我们的错误，对于我们的一些共同错误更是反复提醒。他的认真评讲出乎我的意料，我最大的感慨就是：老师都如此认真对待我们，我们又怎么能放松呢！"

谭永焕的专业方向是语文教育，写作课自然是无可避免的。当时，他们的写作老师常常要求在课堂上完成作业，并当堂进行评讲。谭永焕说，中师的第一堂写作课给他留下的印象很深刻。

新学期的第一堂课，谭永焕迫切地想知道给他上写作课的会是一位怎样的老师。当老师出现时，第一印象是很普通，心中不禁有一些失望。老师进行简单的自我介绍后就直接开始教学，当天的任务是进行随堂写作。那时，进入中师就意味着工作有了保障，很多学生对学习的热情都不高，都想着"60分万岁"。所以，大家对这个任务也没怎么在意，都比较随便地写了起来。有的同学完成得较快，老师就开始了他的随堂评讲。谭永焕想，中师的教师应该不会像小学和初中教师那样，对学生的作文每篇必改必评吧！但是出乎他的意料，写作老师批改他们的作文时非常认真，他逐句逐句地评讲，精彩之处大声诵读，不通之处逐一指出。最难得的是，老师竟一个个地把错别字也找了出来，然后工工整整地把正确的字写在黑板

上。老师这种认真负责的态度和严谨的治学精神，深深地影响了他。

在这位教师的影响下，谭永焕在写作以及做其他事的态度上都变得更为认真了，写作的兴趣也变得更加浓厚。从那时候起，谭永焕养成了写作的习惯，开始时他只是以写日记的方式，每天把自己的随想写下来，久而久之，他开始写一些更具学术性的文章。不得不说，如今的谭永焕之所以能发表这么多有影响力的文章，也是因为他从那时就开始了对自己写作能力的锻炼。同时，他也从这位教师身上学来了作为一名教师该有的教学态度。那是一种对学生认真负责的态度，是一种严谨的治学态度。写作课的老师的这种治学态度一直影响着谭永焕，让他直到今天都时刻谨记。

## 二、 专业沉淀

教学技能是教师个人专业素质的具体体现，也是保障教学效率的基础。谭永焕深知教师技能的重要性，也知道自己在这方面的不足，他决定通过教学技能的训练，提高自己的专业素养。

### （一）知耻而后勇

中师以前，谭永焕对普通话接触很少。读小学、初中时，接触的都是讲廉江方言的人，期间虽遇到过讲普通话的教师，但是所讲的普通话多数带有浓厚的地方口音。可想而知，谭永焕的普通话也是不及格的。

"那时候老师上课都用方言授课，以至于我在读中师以前都不会讲普通话。读中师的时候，有很多廉江县城里的同学，他们的普通话讲得好，而我讲得极不标准，和他们交流时总会被笑话。久而久之，我都不愿再和他们交谈了。后来，我下定决心一定要把普通话练好。而且，我知道毕业后要站上三尺讲台，普通话是教师必备的一项基本技能，我必须要练好。"

读中师一年级的时候，班级组织了一次汉语拼音检测，当时他的测试成绩是 45 分，拿到测试成绩的那一刻，谭永焕蒙了。"原来自己的普通话这么落后，与别人的差距竟是如此之大！"这次测试彻底让他清醒了，他知道自己必须努力学习普通话才行。他决定利用一切可以利用的时间去训练。走路、逛街、饭前饭后，他都拿着拼音小手册细细地"咀嚼"。

对他学习普通话产生很大影响的有两位老师，一位是时任廉江师范学校副校长的林老师。林老师的普通话讲得极好，字正腔圆、铿锵有力，对普通话的教学更是自有一套。翘舌、平舌、清音、浊音，但凡与普通话有关的知识和法则，他都一丝不苟地传授给学生。每次上林老师的课，谭永焕都格外地用心和认真。每次谭永焕都会带一个本子，方便随时把自己读不准的字记下来。在课堂上，他听得十分认真，生怕错过一个读音。林老师教读音时，会一个个地示范读，并且让学生注意他发音时的口腔变化，同时让学生自己在下面进行模仿练习。当时，谭永焕遇到自己不懂的就马上记在笔记本上。林老师示范时，他更是打起十二分精神注意他的口腔变化，平舌的时候舌尖该放在哪儿、翘舌的时候舌尖又该放在哪儿。课后，谭永焕便拿着这些笔记一个人默默地练习，遇到不会的地方及时记下，等到下一次上课时再去请教老师。久而久之，这本笔记上便留下了很多学习普通话的痕迹。"功夫不负有心人"，一年后，谭永焕掌握了大量常用汉字的读音，这为他学习普通话打下了坚实的基础。

虽然掌握了很多汉字的读音，但由于基础薄弱，有不少多音字和形近字还是不容易辨别出来。幸运的是，他在三年级时遇到了另一位老师，就是"狂妄"的陈老师。陈老师经常自我陶醉地"夸"自己非常有水平，经常在课堂上斥责学生"一届比一届差"。但是，这位陈老师的"狂妄"是有资本的，他有很好的记忆力，可以记住中师教材《文选与写作》中哪一篇课文哪一处文段在哪一年高考考卷中出现过，知识点或考点是什么。谭永焕很尊敬这位老师，至今还记忆犹新的是陈老师念儿歌时那番有滋有味的场景："雪花雪花满天飘，你有几个小花瓣？我用手心接住你，让我来数数看，一、二、三、四、五、六，雪花共有六个瓣，咦？雪花哪里去了……"陈老师读儿歌时抑扬顿挫的声调，与他那高度投入的感情，让同学们都为之感动。

不过，让谭永焕印象最深刻的不是陈老师的课上得如何生动，而是在陈老师的帮助下他的语文基础知识和普通话水平都提高了一大截。陈老师上课有一招，就是每天课前三分钟带着学生一句一句地读《小学生词语手

册》。《小学生词语手册》是一本收录了小学一至六年级生字词的手册，简明且实用。哪个是整体认读音节、儿化音应该怎样读、"一"和"不"的变调怎样处理等等，陈老师都会一一为学生们讲述清楚。他灌输给学生们的不仅仅是知识，还有其严谨的治学态度，这些都让谭永焕受益终身。正是从那时起，有一份梦想在谭永焕的心中植根：教育，将是他一生无悔的选择；给未来的学生提供有利于全面发展的教育，将是他一生不倦的追求。自己缺失的教育不能在孩子身上再继续！在这位老师的帮助下，谭永焕的普通话水平有了更大的提升。经过三年的努力，他的普通话终于有了令人欣喜的进步，这一切都是靠努力与奋发换来的。

失败是成功之母。面对挫折与失败，谭永焕不灰心、不放弃，虚心求教，勇于尝试，以实际行动改变自己的不足。正是这样的心态，让谭永焕成功地突破了自己，不但提高了普通话水平，更重要的是收获了自信。在那个对教师普通话水平要求不高的年代，谭永焕一直自觉而刻苦地学习普通话，为提高自身的教师素质打下了良好的基础。

### （二）潜心练字

如果教师能写得一手好字，对学生的影响将不言而喻。谭永焕深深地认识到这一点，他觉得必须写一手好字，才能从容地面对学生。

"要说在教师技能的培养方面，我的确是做了不少努力。普通话是我花了最大精力去改进的一个方面。另外，在'三笔字'，即粉笔字、钢笔字和毛笔字的训练上我也做了不少努力，毕竟'三笔字'对教师而言是很重要的。即使是现在，我也仍然主张教师要注重板书，特别是小学教师。字代表了一个教师的脸面，所以在中师的时候，我非常注重'三笔字'的练习。"

"三笔字"是教师传授知识、表现审美观和塑造自身形象的重要载体。谭永焕深知"三笔字"的重要意义，所以制订了练习计划，并潜心练习。写好"三笔字"不是一朝一夕就可以做到的，这需要毅力和悟性。

制订好计划后，谭永焕便开始按照自己的计划一步步地训练。当时，学校开设了一门书法课，他毫不犹豫地选修了这门课。每次上课，老师都会先教学生如何运笔、如何书写，接着让学生进行练习，最后检查。谭永焕总是细心地听讲，然后按照老师讲过的章法进行练习。他心里想的是："我将来当老师，如果连笔顺都写错，那不是要闹笑话吗？连最基本的字的笔顺都出错的话，那还怎样让学生信服呢？"正是出于这种简单的想法，谭永焕在学习上可谓"锱铢必较"。

除了书法课之外，他练字常常是"见缝插针"，钢笔字的练习没有地点限制，只要有时间，谭永焕便拿出字帖练习。而粉笔字的练习有些麻烦，可以练习粉笔字的地方只有教室，于是谭永焕便在每次下课后留下来，等老师和同学都离开后，抓紧时间在黑板上练习。

一手好字，绝不是一朝一夕练就的。为了将来能更自信地站在讲台上，谭永焕苦练"三笔字"。在三年的时间里，他的"三笔字"书写水平得到了很大的提升，而这些都是他用坚持与毅力换来的。

## 第二节　乡镇中心小学——梦的起航

20 世纪 80 年代末，中师毕业的谭永焕走上了他梦寐以求的讲台。1989 年 7 月，谭永焕被分配到廉江的一所农村小学——横山中心小学任教。就是在这所名不见经传的乡镇小学，谭永焕开启了他的梦想里程。面对着讲台下那一张张稚嫩的面孔，初入教师行业的谭永焕既紧张又激动，他在心里暗自许诺：我要把自己的课讲得生动有趣，我要成为孩子们的贴心大朋友。18 岁，是一个最有激情与活力的年纪，谭永焕正是在这样的年纪开始了他的教师生涯。18 岁的谭永焕有着与他人不同的追求，对自己的教学有着不一样的期待与想法，而正是这样的期待与想法，让他在教师这条路上走得越来越精彩。

### 一、　三人行，必有我师

虽然接受过系统的教学技能训练，但毕竟初出茅庐，教学实践经验还

比较少。他深知自身的缺点，为了能够尽快成长起来，他常常虚心向有丰富教学经验的前辈讨教，逐步积累教学经验，努力改善自身的教学水平。

## （一）求教"教书"

每次上课，教师都要手执课本，站在讲台上讲 40 分钟。这样的教学活动看起来很简单，但实际上，每进行一次这样的教学活动，都需要教师花费大量的时间和精力备课。而这些对于刚毕业的谭永焕来说都很陌生，当时的他只能求教于老教师，在虚心向老教师学习的同时不断摸索，力求在继承的基础上能有所创新。

"刚刚步入教师行列，我遇到过不少困难与困惑。好在我不是一个害羞的人，遇到问题就会勇敢地提出来，积极向别人讨教。我当时遇到的最大问题就是不会备课，现在想起来都觉得很紧张。我很庆幸自己当时虚心求教，也很庆幸自己能遇到那些乐意帮助我的前辈们。如果没有他们的帮助，我想我是不可能那么快胜任教师这个角色的。"

对于毫无教学经验的谭永焕来说，在教学方面他遇到了很多不懂的地方。值得庆幸的是，谭永焕是一个乐于虚心求教的"好学生"，对自己不懂的，他没有藏拙，而是勇敢地将其暴露出来，并寻求帮助。作为一个新人，是虚心让他能在教师这个行业中顺利前行。

他心里明白，作为一个没有教学经验的新教师，要想尽快成长，就要向有经验的老教师讨教，包括如何撰写教案、如何布置和批改作业等。备课最让谭永焕头疼，不会写教案这个难题让他苦恼了好长一段时间，最后，他主动与横山中心小学的校长坦白了自己还不大会写教案这件事。校长很理解他，为了能让他尽快步入正轨，校长将"老教头"陈老师的教案找出来让他好好学习。

这位陈老师的教案写得很规范，是供新教师学习的很好的"样本"。谭永焕最初写教案就是从模仿这位陈老师的教案开始的。每次拿到陈老师的教案，他都会细心研读，直到把教案中的每一个环节都牢记于心，再抄到自己的备课本上。慢慢地，他对撰写教案有了自己的认识，他认为不能一味地用别人的教案来进行教学，同时，他觉得自己已有能力对教学进行自主设计了，于是他开始尝试自己写教案。一段时间后，谭永焕设计教案越来越得心应手，自身的教学设想也不断地体现在教案中。

每个教师的教学都有其自身的特点，而教案是教师对整个课堂教学的预设，教师撰写教案时会考虑自己和学生等因素，所以，自己撰写的教案才是最适合自己的。第一次拿着自己的"原创"的教案进行教学，谭永焕体会到了一种前所未有的成就感。撰写教案让谭永焕经历了"套用—模仿—创新"这一成长历程。在这一过程中，他尝到了成功的滋味，教学也逐步从生涩走向成熟。

初入职场，很多新人对自己的能力有着过高的估计，觉得在学校已经把理论知识学好了，在实际工作中一定会如鱼得水。他们没有意识到，理论不能决定实践，但是实践却能印证理论。当他们进入"实战"阶段时，就会发现，理论总有"隔靴搔痒"之感，对实践所起的作用似乎并不大。教师面对的学生是一直变化的，教学中所遇到的问题也没有标准答案，这时也许经验比理论更加重要。所以，作为新人虚心向有经验的教师请教很有必要，当时的谭永焕很清醒地认识到了这一点。作为一名新人，他放低自己的姿态，努力向别人学习，在吸收别人经验的同时促使自己进步，这是一种聪明的做法。每个成功者的身上都有可贵的精神品质，在那个"初出茅庐"的18岁小伙子的身上，我们看到的是虚心和好学的品质。

## （二）求教"育人"

作为一名教师，其职责不仅仅在于向学生传授知识。所谓教书育人，即教师在传授知识的同时，还应以自身的道德行为和魅力引导学生寻找生命的意义，实现人生应有的价值追求，塑造健全的人格。向学生传授知识固然重要，但是引导学生形成良好的行为习惯和品行更是教师的职责所在。在初入教师行列时，谭永焕除了虚心向前辈们请教"教书"外，在如何"育人"方面也做了不少探索。

"在教学活动中有一个因素是不可控的，那就是我们的学生。当时刚刚做教师的我在这方面毫无经验，对一些所谓的问题学生很是苦恼。刚开始时，我束手无策，只好请教有经验的教师。在前辈们的指导下，我尝试

着去解决问题。现在想想，面对问题时，只要我们肯虚心求教，用心解决，再大的问题都不是问题。"

处理"问题学生"是所有教师都可能面对的大难题，谭永焕在横山中心小学任教时也不可避免地遇到了这类问题。并无转化"问题学生"经验的他遇到问题时并没有惊慌，他虚心向有经验的教师请教，在转化"问题学生"的难题上他做得很好，甚至还总结出了一套自己的方法。

1. 冷处理，挫其锐气

当时班里的一个班长，学习成绩很不错，就是在课堂上不认真听课。为了解决这个问题，谭永焕动了不少的脑筋。该学生之所以上课不认真听课，是因为她觉得老师讲的内容都懂了，谭永焕觉得这个学生过于自信，有必要让她意识到自己这种不认真听课的行为是错误的。谭永焕想，既然这个学生对自己如此自信，那他首先要做的就是要挫挫她的锐气。于是，谭永焕采取了"冷处理"的办法：上课的时候，故意不关注她，提问时也不再找她，看见她跃跃欲试，也故意视若无睹；班上有什么重要的事情，也不再交给她去处理。

这个学生觉得很委屈，就来找谭永焕。谭永焕抓住机会跟她谈心："你知道为什么我不再重视你了吗？"这个学生不知所措，只好低着头。谭永焕接着说："上课的时候，你从不愿听老师讲课，总是一味地做自己的事，这说明你对学习不重视！既然你对自己的学习都不重视，对自己不负责，那你觉得我还能放心地将班上重要的事情交给你来做吗？"听完谭永焕的一席话，这个学生终于意识到自己身上的问题。她满脸羞愧地向谭永焕承认了错误，并保证以后会认真听课。其实，谭永焕在采取这种"冷处理"的方法时还是有点担心的，假如她不理解老师的良苦用心，认识不到自己的错误怎么办？不过这一招最终还是取得了不错的效果，从那之后，这个学生上课开始认真听讲了。

2. 认识错误，以身作则

虽说谭永焕在学生管理方面已经做得不错了，但是人非圣贤，更何况他只是一个"初出茅庐"的年轻教师，所以在处理学生问题时犯错是难免的。谭永焕很注重班级的课堂纪律，对上课不认真听讲的学生都会进行批评教育。有一次上课，谭永焕发现一名学生总是低着头，并且很久都不抬头看黑板，他一时冲动，就当着全班学生批评了这位学生。没想到这名学生在受到批评之后，竟然变本加厉，不但不听课，课下遇到谭永焕连招呼都不打了。谭永焕意识到了事情的严重性，便找这位学生谈话，原来，那天这位学生因为脚受伤了，上课时痛得只好低着头忍受着，却因为这个被老师批评，她觉得很委屈，所以就用"破罐子破摔"的方式反抗老师的"不公平"。

了解事情的原委后，谭永焕很是内疚。他意识到当时自己确实是太冲动了，不了解实情就当着全班学生的面批评这名学生，结果给这名学生造成伤害。谭永焕心想，一定要找机会进行补救，得向这名学生道歉才行。与这名学生谈话后的第二天，谭永焕像平时一样拿着课本走上讲台。上课铃响起，等学生坐好以后，谭永焕对大家说："今天在上课前，老师想向一位同学道歉。昨天在课堂上老师因误会而批评了她。当时是我没有弄清楚情况，并且我也不应该就这样当着全班同学的面批评她。林文晓同学，对不起，老师向你道歉！"有多少人敢抛开"面子"在众人面前承认自己的错误呢？那名学生怎么也没想到老师会当着全班同学的面跟自己道歉，惊讶之余又有些感动，最终，她原谅了老师的无心之过。

处理学生问题时因人而异、因事而异，谭永焕在吸取前辈经验的同时，不断总结自己的经验；在提升自己工作能力的同时，他以自身的行为影响并教育他的学生，让学生从他的言行中学会做人的道理。

## 二、 课堂内外之教

小学生正处于低年龄阶段，对教师和家长有较强的依赖心理。对于这种心理，教师不能任其发展。在横山中心小学任教时，谭永焕在管理学生这一方面做得很出色。在给学生以适当的依赖的同时，无论是在课堂内还是课堂外，谭永焕都将这个"度"拿捏得恰如其分。

## （一）课堂内

### 1. 力求讲通教懂

学生对教师的依赖主要体现在学习上。由于年龄较小，小学生的自学能力和自控能力比较弱，需要教师在这方面给予更多的关心与帮助。谭永焕在教学上一丝不苟，每节课都要花费很多的时间与精力去准备，以便在课堂上能更好地发挥。对于知识点，他也力求以最简单的方式来帮助学生理解和消化。

"教学并不是想象中那么简单。读和背是学生进行知识积累的一种手段，所以首先要承认的是，对于小学教学而言，让学生进行读和背是很必要的。但是这不是我们教学的全部，在小学语文的教学中，引导学生对所学内容进行理解，在学习语文的过程中，让学生学会思考问题都是很重要的。在当时的教学中，我在所教的每一堂课上都力求把所教内容讲得透彻，让学生能最大限度地去理解所学的内容，并吸收其中的知识。"

为了使自己的教学取得最好的效果，谭永焕在备课时会尽量考虑全班学生的接受能力，在教学时会尽量注意到每个学生。首先，在内容的讲解上，他力求做到让每个学生都能领会。在这方面，他费了不少心思。每天放学后，其他同事都走了，谭永焕还一个人留在办公室里研读教材、分析教学，然后结合学生的学习情况修改教案。谭永焕总能及时找到问题，及时总结经验，教学效果获得了很好的提升。当然，由于学生在个性特征以及知识接受能力上存在着一定的差异，有些学生在课堂上接受知识比较少，也比较慢。对于这一小部分学生，他采取的方法是课后辅导。

有些教师在课堂上只关注优秀学生，对其他学生不管、不问、不理。但在谭永焕的课堂上，基本看不到这种现象。他总是尽力关注每一位学生，给每一位学生回答问题的机会，让每一位学生都能参与到教学中。在谭永焕的心中，学生永远没有优劣之分。

正如谭永焕所说，教学并没有想象中那样简单，它需要教育者用心去钻研和思考。教师是否优秀，最直接的体现在于其对教学是否严谨认真，以及对学生是否用心负责。初出茅庐的谭永焕虽不是最优秀的，但却是最用心的。虽然他的教学还显得有些生涩，但他用自己的努力与行动告诉大家，他可以胜任。学生从他的教育和教导中得到了知识，也学会了做人。谭永焕的成功源自于他对教学和学生的认真、负责。他的经历告诉我们，做任何事情都要认真负责，这是取得成功的先决条件。

2. 力求趣味课堂

兴趣是学习的最大动力，当学生对学习产生兴趣之后，学习效果也会自然而然地提升。对于许多学生而言，语文课都是枯燥无味的，其学习效果也就可想而知了。当时，谭永焕为了攻克这个难题同样下了不少的功夫。

"语文课堂对很多学生来说确实比较乏味，对于很多语文教师来讲这也确实是一个比较难解决的问题。当时，为了让我的课堂更有趣，让学生在上课时更有活力，我也是煞费苦心。每次上课时我都会想出一些能引起学生兴趣又与课文相关的内容在课堂上给学生们讲解。投其所好，激起了学生的学习兴趣，同时也活跃了课堂气氛，在这样的课堂气氛下学生们也就不会再觉得语文课堂乏味了。"

当时，谭永焕在课堂上努力想把自己所教的课讲得精彩，讲出趣味，引起学生的学习兴趣，以达到最好的学习效果。每堂课他都用心去思考，怎样才能让学生们都自觉地投入学习。苦思一番后，谭永焕最终采用了趣味导入的方式来导入新课，这样的课堂导入方式在激起学生学习动机的同时，又活跃了课堂气氛，取到了不错的效果。他会在课堂开始时给学生讲一些与课文相关的时代背景与小故事，讲一些作者的生活轶事，等等。每次新课开始前，他都会卖个关子："同学们，你们知道某某在什么时候做过一件什么有趣的事情吗？"在提出这个问题后，谭永焕便开始观察学生的表情和动作，如果这个时候有学生知道这些事情的话，谭永焕就会把介绍的任务交给学生，让学生给大家讲解，锻炼学生的语言表达能力。当然，很多时候这样的锻炼机会很难实现，毕竟在乡镇小学，对于当时的学生来说课外知识还是相对比较匮乏的，大多数时候都是由谭永焕来讲解。在正式开始教学之前，谭永焕会先给学生介绍这些与课文知识相关的有趣的事情，激起学生的学习兴趣之后，才开始正式教学。这样的教学方式使

得课堂更具趣味性、更受学生的欢迎，其教学效果自然也就好了很多。苏霍姆林斯基说："若教师不设法使学生产生情绪高昂、智力振奋的内心状态，就急于传授知识，那只能使人产生冷漠的态度，给脑力带来疲劳。"谭永焕那精彩而有趣的课堂导入在课堂一开始就把学生的注意力集中在了课堂上，因此取得了较好的教学效果。

很多时候，我们不是不能把一件事情做好，而是我们不愿为其花费心思。对于教学，谭永焕肯花心思，所以，即便初入教学领域，他也能够站稳脚跟，且越走越稳，越走越顺。

### （二）课堂外

#### 1. 热衷班级管理

中师刚毕业的谭永焕对教师职业有着高度的热情，当他担任班主任时，对班主任工作更是非常用心。谭永焕是一个用心做事、从不虚言的人。在担任班主任期间，他更是充分深入"生"心。

"对于班级管理，我觉得要用心，只要有时间我就思考该如何管理班级，有时候在回家的路上也思考。在学校没事做的时候，我最喜欢到班里去转转，看看班上学生的情况。我觉得班主任就应该抓住每一次与学生们亲近的机会，并且去了解他们。"

作为一个班集体的核心人物，班主任对于班集体的建设起着非常重要的作用，尤其在小学，这一点表现得更为明显。小学生的自主能力还比较弱，他们对教师特别是对班主任有着很强的依赖性。小学阶段，班主任对学生的影响是很大的，甚至能决定一个学生今后的发展方向。这个时期能拥有一个负责的班主任对小学生而言是一件极其幸运的事。显然，谭永焕的学生便是这样一群幸运的学生。

班主任的工作烦琐而细碎，需要其有很强的耐心以及处理问题的细心。按照学校规定，每天学生早操时班主任都要到场；学生早读，班主任要进班了解出勤情况；学生听课，班主任要到教室外面巡视；学生自习，班主任要陪学生一起学习，等等，这都是一些琐碎的事情，但是，谭永焕没有怨言，反而热衷于此。他每天很早就到学校，先到办公室研读教材，或者分析学生的作业。等学生陆陆续续来到学校后，谭永焕便到班上和他们一起打扫卫生。对他来说，与学生一起进行清扫活动，可以趁机向学生了解班上的情况以及学生的学习状况，通过这种方式还可以拉近与学生的距离。谭永焕说他当班主任最喜欢做的一件事就是在学生做早操的时候进行巡查。他说："每天早上在学生做早操的时候，我会去操场上，我很喜欢看到学生那种富有朝气的样子。"工作热情是工作效率的"催化剂"，由于有了这个"催化剂"，谭永焕在班级管理方面做得很出色。

2. 培养师生关系

师生关系是学校中教师与学生之间的基本人际关系，也是儿童社会化过程中的重要社会关系之一，贯穿于整个教育的始终，直接关系到学生的健康成长。许多研究表明，良好的师生关系是促进学生发展和减少学生问题行为的关键因素，它有利于学生思想品德的养成、学业的提高、智能的培养，以及身心的全面发展，如亲密的师生关系有利于儿童形成对学校的积极情感态度，积极参与班级、学校活动，与同学形成积极的情感关系，发展良好的个性品质和较好的社会适应能力。[①]

"师生关系的处理是教师行业永远的话题。说实话，当时毕业不久的我也才二十岁左右，就是一个大孩子。也许是因为年龄的原因，和我的学生相处还是比较和谐的。上课的时候我是他们的老师，一下课我就和他们打成一片，成为朋友。玩的时候和他们一起玩，学的时候带着他们一起学，这就是我当时和学生们相处的模式。"

与学生成为朋友是很多教师心中所想的，但是真正能做到这一点的教师有多少呢？谭永焕却做到了，他就是这样一个能与学生成为朋友的教师。教师与学生似乎永远隔着一条河流，很多学生不愿跨过去，同样，很多教师也不愿走过来，这就成了教师与学生交往的一个障碍。作为班主任，谭永焕没有一点架子，他会主动走向学生，主动跨过那条河流，与学生打成一片，成为学生的朋友。

由于年龄差距相对小一些，谭永焕很了解孩子的心理，这无疑是一个

---

① 邹泓，屈智勇，叶苑. 中小学生的师生关系与其学校适应［J］. 心理发展与教育，2007（4）.

优势。在课堂上，谭永焕是一名严师，无论做什么都会一丝不苟。但课后，他的角色立马转变，从教师摇身一变就成为学生的大朋友。尽管教学工作很繁忙，但他总会抽出一些时间和学生一起活动。有时候放学看到有学生在打篮球，他也不用学生招呼，就直接走过去和学生一起打。活动的时候，他从不和学生说学习上的事情，只是把他们当成自己的朋友交往。课余时间，谭永焕还带领学生进行野外活动。他说，学生很喜欢这类活动，虽然只是在学校附近举行，而且都是很简单的活动，但每次都会让学生兴奋好几天。久而久之，他与学生之间不再有什么隔阂，大家都很喜欢和他一起活动。

在朝夕相处中，谭永焕与学生之间产生了深厚的友谊。谭永焕会在课堂上做一个尽职尽责的教师，在课堂外做一个学生喜欢的大朋友。这两种身份在谭永焕的身上并不矛盾，或者说，正是由于他将这两种身份较好地集于一身，才让他的班主任工作做得如此顺利。他保留了一颗童心，这颗童心让他了解到孩子们的童稚、童真，让他深入了孩子们的内心，也让他更加懂得了什么是教育。

## 第三节　城市小学——上下求索

1991年，在乡镇小学经过两年磨炼的谭永焕开始到湛江市第十二小学任教。从乡镇小学走入城市小学，对于谭永焕而言是一个难得的发展机遇，他牢牢抓住了这个机会。在机遇面前，只要我们不退缩，拥有争取成功的坚定信念，肯为自己的梦想而努力，那么与机会擦身而过的遗憾就不会落到我们身上。谭永焕就毫不犹豫地紧紧握住了这次机会。经过努力，他最终获得了学校领导和老师的一致认可。

### 一、专注教学

从乡镇小学步入城市学校后，谭永焕的第一个念头就是，千万要争气，不能让城里的教师瞧不起来自乡镇学校的"土八路"。谭永焕有一颗好强的心和一股敢拼敢闯的精神。他不甘于人后，立下目标，勇往直前。

## （一）勤于教学思考

物理学家卢瑟福有一次问他的学生："你今天上午准备做什么呢？"学生回答："做实验。"又问："下午呢？"答曰："做实验。"再问："晚上做什么？"学生仍旧回答："做实验。"卢瑟福随即不满地问："你整天都在做实验，那么你用什么时间思考呢？"这段对话意在强调思考的重要性。作为一名教师，如果每天只是备课、上课、下课，而不花费时间对教学进行思考，那么又如何发现问题，如何寻找前进的方向呢？

"说实话，刚刚进入城里的小学时，我的压力很大。毕竟我是从乡镇学校出来的，在很多方面与城市小学的教师都有差距。但是我本身又是一个比较好强的人，不甘于人后，所以当时为了不落在后面，我做了很多努力。进入城里的小学后，更是不敢松懈，课前准备、课后思考，我每天都把自己的时间安排得满满的。"

思考才能发现问题，思考才能使人进步。进入城里的小学后，谭永焕工作时更是一丝不苟，他早出晚归，全身心投入教育教学工作中。放学后，谭永焕总是留在办公室"复盘"当天的工作。思考似乎成了谭永焕的常态：今天有哪个孩子闹情绪了？哪个孩子闯祸了？我该怎样处理这些问题？今天的教学有什么精彩之处？有什么不足之处？该怎样改进？功夫不负有心人，最终谭永焕得以在教学上突飞猛进。

发现问题才能解决问题，但如果不思考，又何来发现呢？谭永焕来自农村，在很多方面与城里教师存在差距，这是他的不足之处。在我们看来，这些不足之处将会成为阻挡他进步的因素，但谭永焕并没有被这些所谓的不足所限制，反而被他当作前进的动力。不甘人后的好强精神推动谭永焕不断向前，让他在高手如云的城市中站稳了脚，闯出了一片属于自己的天地。

### （二）钻研教学方法

不断的教学反思让谭永焕发现了自己教学中的不足之处，也督促他去寻找解决问题的办法。为了改进自己的教学工作和班主任工作，谭永焕阅读了许多专业刊物，例如，《小学语文教学》《小学语文教师》和《广东教育》等。谭永焕用心研读，不断从中发现和吸收对自己有用的东西。

"为了减小与别人的差距，我确实费了不少心思，当时找了很多教学方面的书籍和报刊来看。阅读的时候我就从其中摘抄一些对自己有用的有关专家的言论和教学设计，然后采用移花接木的方式在教学实践中把这些专家学者的教学和教法用到自己的教学上。"

谭永焕懂得要消化吸收专家学者的教学观点，并将其运用在自己的教学中，用别人教学的长处来弥补自身的不足。借鉴别人的做法，吸取前辈的经验，结合自身实际，然后形成自己的教学方式，这就是他进步的秘诀。每天完成既定的教学工作后，谭永焕都会留出一些时间来研读专业报刊。每每读到精妙文章，他都会一遍一遍地揣摩、思考和体悟。他就是在这样的研读和思考中提升着自己的教育教学理论水平。

没有人从一开始就熟知所有的事物，每个人在初入某个领域时都可以说是"无知"的。初入市区小学，谭永焕意识到自身的不足，于是便发奋学习，完善自我。他说，勤能补拙，相信通过努力，他一定能够在教学领域开拓出属于自己的一片天地。事实证明，他做到了。

## 二、 竞技教学场

教学比赛对每个教师而言都是难得的锻炼机会。但是，很多教师非但没有把它当成是发展和提升自我的机会，反而觉得教学比赛是一种麻烦，是一种负担。这样一个别人眼中的"麻烦"对于谭永焕来说，却是宝贵的机会。

### （一）认真准备比赛

通过层层选拔，谭永焕最终脱颖而出，代表学校参加全区的教学比赛。获得了比赛资格后，在高兴之余，他又不免有些担心和紧张，到底能不能把这件事情做好呢？谭永焕心中也没底，但他没有退缩，而是全身心地投入到赛课准备工作中。

"获得比赛资格确实很开心，因为对我而言那是一次不可多得的锻炼机会。但是我又有些紧张和担心，毕竟是第一次参加这样的比赛，为了这次比赛，我花了不少的时间和精力。一次次撰写教案，一次次试教，一次次推倒重来，反复练习，直到将教学内容与比赛流程烂熟于心。"

面对如此重要的教学比赛，谭永焕虽然有些压力，但并没有因此乱了手脚，而是有条不紊地准备比赛。谭永焕始终认为，在教给学生知识前教师应先把自己"教"懂，因此，在进行教学设计前，谭永焕把课文读了一遍又一遍，每一遍都读得非常仔细，并深入揣摩和领会作者想要表达的内容。设计教案时，他也是字斟句酌，不敢有丝毫马虎，教学目标的设定、教学重点的明确以及教学环节的设计，每一步都力求精致。完成教学设计后，谭永焕会四处请教，然后再对教案和参赛课文进行修改，如此反复多次。他说，他已经记不清对教案修改了多少次，总之是临近比赛才总算把教案定下来。

一分辛勤一分收获。经过精心的准备，谭永焕终于迎来了第一次教学比赛。比赛当天，原本抽中第二名出场，由于第一个参赛者的弃权他只好第一个出场。这个小意外使谭永焕变得紧张起来，不过一踏进教室他就把这些都抛到脑后了。他的教学富有激情，学生在他的感染下学习兴趣很浓，课堂气氛相当活跃。那时候的语文课还没有现在这样放得开，教师提出问题后常常需要学生来"捧场"，要是他们不开口，即使课前准备再充分，到最后也可能功亏一篑。所以，调动学生的学习热情、激起学生的参与兴趣很重要。谭永焕做到了这一点，最终，他的教学取得了很好的效果。

### (二) 脱颖而出

精心的准备、高度的投入、热烈的气氛，让谭永焕获得了竞赛一等奖。第一次参赛就取得这样的好成绩，让谭永焕对自己的教学更加有信心了，这样的信心对他日后的教学起到了不可估量的推动作用。

"不得不承认，那次教学比赛对我产生了很大的影响。首先，在教学比赛中取得成绩的我，在霞山区甚至在湛江市的小学教育界有了一定的知名度，我开始被同行们熟知，这为我在教育界的发展铺好了一条路。此外，那次教学比赛取得的成绩也让我对自己的教学更有信心。"

在比赛中获胜让谭永焕收获了"人气"，更重要的是树立了自信心。自信能深深影响人的一生，拥有自信的人对未来充满憧憬，也容易走向成功。被公认为美国成功学奠基人的奥里森·马登说过这样一段耐人寻味的话："如果我们分析一下那些卓越人物的人格，就会看到他们有一个共同特点：他们在开始做事前，总是充分相信自己的能力，排除一切艰难险阻，直到胜利。"可见自信心是非常重要的。这次教学比赛让谭永焕获得了自信，这种自信，让他在之后的教学中敢于进行更多的尝试，在此之后，谭永焕又取得了一个又一个令人羡慕的成绩。

他长期致力于小学语文教学的改革与实践，凝练出了"真心语文"的教学观，提出了"关心学生一生发展"的教学理念，探索了"语文三点"（教学的切入点要巧妙，课堂的动情点要凸显，课程的训练点要扎实有效）的教学特色……

主持和参与多项省（厅）级课题，在《小学语文教师》等中文核心期刊发表教育相关论文30多篇，教学成果荣获全国三等奖一项，广东省一等奖一项、二等奖一项，湛江市一等奖多项……

我们不能简单地将谭永焕每一次成功的原因都归结于这次教学比赛为他带来的自信，但我们不得不承认，正是这次胜出，将行走在教学路上的谭永焕向前推进了一大步。

# 第二章 积淀与逾越：
# "实践"与"反思"的专业突破

## 第一节 潜心钻研教学

1999年3月，谭永焕调入霞山区教育局教研室任小学语文教研员。指导全区语文教师教学与研究，是学科的带头人，也是将语文教育政策落实到教学实践中的关键人物。与普通教师相比，教研员的任务更重也更宏观一些。而这正好为爱思考的谭永焕提供了一个锻炼自我和展示自我的平台，为他实现自己的教育梦想搭建了更大的舞台。在担任教研员期间，听课、评课、上课、举办讲座成为谭永焕的日常工作，这样的工作虽忙碌但充实，他很喜欢那段日子。他认为，教师如果仅仅满足于自己的一亩三分地很难取得进步，而应该走出本地区，到其他地方参加教研交流活动、观摩名师上课、请教名家经验、考察名校办学，这样才能拓展视野，搞好教研。无论是到下面的学校指导，还是到其他地方学习，都在谭永焕的思想深处产生了剧烈的思想激荡，萌生了更多的教育思考。学习—实践—反思—再实践—总结提升，这是谭永焕对自己的教研活动所做的总结。

### 一、 教研活动中磨炼

作为一名教研员，必须充分发挥其示范、引领、指导和组织的作用。教研员除了要充分把握国家规定的课程标准外，还要不断努力创新教学方式，不断更新教学观念；不仅要指导教师进行学科教学与研究，还要给教

师上课堂教学示范课。谭永焕对工作尽职尽责，工作能力也赢得了大家的一致认可。在任教研员的六年时间里，谭永焕组织教研活动上千次，其中有两次教研活动令他印象非常深刻，一次是带领教师到山东省参加全国性教研活动，还有一次是邀请窦桂梅老师到湛江市进行教学交流活动。

### （一）带领教师参加教研活动

组织教师参加教研活动是谭永焕的工作职责之一。2005 年，谭永焕指导湛江市第二十五小学李承恩老师，代表广东省参加全国低年级教学竞赛。为了这次竞赛，他付出了不少心血，从备赛、应赛到赛后，他都亲自参与。

"教师能参加全国性比赛的机会很少，所以在接到这个通知的时候我们既兴奋又紧张，毕竟这是一场全国性的比赛。但正是这样的比赛，才让我们更有动力。我们进行了精心的准备，在准备过程中我们狠下功夫，写教案、试教、改教案，不断地进行改进。最终，我们取得了较好的成绩。"

在指导参赛过程中，谭永焕没有指手画脚，而是与参赛教师并肩作战，一起商讨对策，一起修改教案。李承恩老师是经过选拔脱颖而出，作为区代表参加全国教学竞赛的。在很多方面，她要比一般教师优秀，但仍然存在一些问题，给谭永焕印象比较深的是，她对学生的语言表达训练比较少，总是让学生一直跟着教师的教学思路走。在谭永焕看来，教师要教给学生的不是书本上的"死"知识，而是生活中的"活"知识。他主张给学生更多的思考时间，让学生独自领会语文的奥妙，而不是一味地将教师的思想灌输给学生。作为指导教师，谭永焕给李承恩老师的建议是要学会"放手"，给学生自主学习的时间和独立思考的机会。

谭永焕说，对教师进行教学指导，不能讲一些含糊其辞的东西，每一点建议都应具有针对性。对李承恩老师的指导，谭永焕主要从教法创新着手，为此，他们召开了多次研讨会。编写教案，进行试教，谭永焕不但精心给予指导，而且还邀请一些经验丰富的教师进行共同讨论。每次讨论结束，谭永焕都会梳理各种意见，与李承恩老师一起对教案进行深入修改。如此反复地修改，一直持续到李承恩老师参加比赛的前一刻。李承恩老师是一位参加过多次各类公开教学的教师，她常对身边的同事说："我从来没有像这样备过课！"不过这样的辛苦是值得的，经过多轮备课、试教和修改，让他们对比赛充满了信心。

在比赛时，谭永焕那根紧绷的弦也丝毫没有松懈，他非常关注每一个参赛者的教学情况，同时又不由自主地拿其他选手与李承思老师作比较，分析优劣，并进行思考。这次赛课，参赛者在教学理念、教学设计、教学手段以及教学效果等方面都各有各的精彩，各有各的妙处。最让谭永焕震撼的是，江苏、山东、山西等省市和地区教师的教学既体现了新理念，又彰显了好的传统，很好地诠释了教学的内涵。从他们的身上，谭永焕强烈地感受到，一个教师综合素质的高低与其教育工作的成败有着非常密切的联系。

在这次活动中，谭永焕和其他教师收获颇丰，但也留下了一些遗憾。李承思老师在赛场上发挥得很好，最后却以极其微弱的分差名列第二。对于这样的结果，谭永焕虽心有不甘，但注重过程一直以来是他工作的一个原则，所以他没有责怪任何人，只是为参赛教师感到惋惜。其实，这次比赛最大的收获不是获得的名次，而是从中获得的启示。对此，谭永焕思考了很多，例如，教师综合素质的培养、教学理念的更新，语文教学如何体现工具性，如何润物细无声地进行人文熏陶，如何在求实的基础上求活、求新等。一节好课是一名教师长久以来教学经验的积淀——这就是谭永焕参加活动后的真切体会。

### （二）邀请窦桂梅到湛江讲学

汉仪学者杨雄曾提出"师者，人之模范也"的观点，其实质即指名师的模范作用。现在看来，名师的影响就是名师能够通过自身的德识才学与卓越工作，以身作则，起到带头、示范与榜样的作用，也可以称之为"名师效应"。教师行业中有一些佼佼者，他们因为在专业精神、专业观念、专业知识、专业能力与专业潜质上都拥有较高水平而得到人们的认同与尊重。这种尊重能转化为一种强烈的影响力，影响其他教师的教育和言行。谭永焕很善于利用"名师效应"，经常邀请一些教学名师到湛江讲学，让

教师有机会与名师进行交流。在这些交流活动中，谭永焕印象最深刻的是邀请窦桂梅老师到湛江进行讲学。这次活动既对谭永焕的协调能力进行了一次检验，又给湛江教师的教学观念以一定的启发。

"窦老师给三千多名教师做讲座，让大家大开眼界。'温度、广度、深度'，'文字、文学、文化'——窦桂梅老师对语文教学的真知灼见，让我意识到自己还未能真正把握语文的内涵与特质，我的语文教学还有很长很长的一段路要走。我必须勤奋，并专注于此，才能达到一个更高的境界。"

窦桂梅老师多年来一直工作在教学一线，她所倡导的小学语文主题教学在全国都有广泛的影响。于是，谭永焕费了不少时日邀请到窦桂梅老师到湛江讲学。

窦桂梅老师的讲学内容是"主题教学"，她从"温度、广度、深度"三个维度展开，并做了形象的比喻。如果温度好比人的血液，广度就好比人的骨肉，深度则好比人的神经。人要活下来，血液、骨肉和神经一个都不能少，同样，教学也少不了温度、广度与深度。温度即课堂教学氛围，包括学生的参与度、师生的融合度以及学生学习兴趣的激发指数等；广度包括言语的广度、思维的广度和情感的广度三个方面；深度指的是教学不能仅仅停留在文题表面，还应拓宽文本的广度，挖掘教材的深度，也就是围绕同一个主题，品读课文也好，补充材料也好，最后都要引申、拓展和升华。"温度与广度是为深度服务的，要善于挖掘文本的深度，不可节外生枝。"窦桂梅的激情演讲，给现场的教师带来了前所未有的震撼。谭永焕说："听了窦老师的讲学，很多教师才真正了解什么是真正的语文教学！"

谭永焕组织这次活动的初衷是希望大家了解名师的先进教育理念，激励大家去学习、去奋斗、去创新。窦桂梅老师的讲学对现场的三千多名教师产生了很大的影响，而作为组织者的谭永焕更是从中受到不少启发。他说，当他醒悟过来时，就知道他要走的路还很长很长，而他必须趁着年轻努力学习，不断探索。若要做出一番事业，不仅要有热情与勤奋，还要有专注和坚持的精神。谭永焕的这种醒悟，于湛江的教育而言，应是先知先觉的。

## 二、 总结反思中成长

谭永焕从事教研员工作六年，至今任教二十余年，在长达二十多年的时间里，他常常反思自己的教学工作。他认为，无论从事什么行业，都应该养成回头看的习惯，看看自己在过去遇到过什么困惑，自己是如何解决这些困惑的。这样的反思，让谭永焕在教育的道路上，走得更稳，也走得更快。

### （一）对教研工作的反思

在担任教研员的几年时间里，谭永焕和同事们将教研工作做得有声有色，引起了湛江市甚至其他省市同行们的关注，湛江市各县区的教师更是慕名而来进行学习交流。几年的教研工作中，谭永焕取得了很好的业绩，主要原因就在于他对工作一直充满激情，并且善于总结与反思。他深知，要想把教研工作做好做强，系统的总结和反思必不可少。总结与反思的过程就是发现问题、解决问题的过程，不断地总结与反思，让谭永焕对教研工作有了更深刻的认识，工作能力也有了很大的提升。人们常说，好习惯能成就人的一生，谭永焕的成功就恰到好处地印证了这句话。

"在参加各类教学竞赛活动过程中，我虚心向老教师学习，重要的是，我从不迷信权威，不迷信教材，敢于大胆表达自己的个人见解，敢于坚持自己的意见。特别是在指导教师、服务教师时，我始终保持着一份赤诚之心。当教研员的几年时间里，我经历了不少风雨，学到了不少为人为教的方法，虽苦犹乐，且乐此不疲。"

在担任教研员的几年里，谭永焕从一个普通的小学语文教研员成长为一名教研室副主任，成长并不是白白得来的，是谭永焕用勤奋、努力和富有创意的工作换来的。

湛江市霞山教育局有许多"老前辈"，显得 28 岁的谭永焕特别年轻，正因如此，很多人对他的工作能力产生过怀疑，这样一个毛头小子能胜任这份教研工作吗？虽然没有人直接表达他们的疑虑，但是细心的谭永焕还

是很快感觉到了。考验很快就到来了，湛江市将举行小学语文教学比赛，谭永焕必须对参赛教师进行全程指导。他决定以此为突破口，赢得大家的信任和认可，于是，接到通知后，谭永焕就紧锣密鼓地开始准备他的指导工作。

在教学竞赛这一方面，霞山区历来的表现都很不错，这对谭永焕来说是一种无形的压力。一是他不能砸了霞山区的"招牌"，比赛成绩只能提高，不能降低；二是因为这是他的开局之作，只能成功，不能失败。谭永焕的性格就是，哪里有压力，哪里就有动力。他不再担心，而是全力以赴地投入工作。

教学比赛是层层选拔的，参赛教师必须一级级地进行较量，获得第一名的教师将代表全市参加省或全国的竞赛。经过层层选拔，最终由谭永焕指导的梁老师脱颖而出，作为湛江市的教师代表参加省里的阅读教学竞赛。谭永焕对梁老师进行教学指导时可谓亲力亲为，从备课、试教到参赛，每个环节都不松懈，有时他甚至比梁老师还要紧张。功夫不负有心人，梁老师在省赛中一路过关斩将，最终赢得了第一名。这是湛江市第一次获得这么好的成绩，这让曾质疑过他的人不禁对他刮目相看，他的工作能力得到了大家的认可。

谭永焕用实际行动证明了自己。在往后的教研工作中，他也是一步一个脚印踏踏实实地走着。最重要的是，他习惯于进行总结和反思，这样的习惯，让他的工作变得更加出色。

### （二）对新课程实施的反思

《基础教育课程改革纲要（试行）》指出，"改变课程实施过于强调接受学习、死记硬背、机械训练的现状，倡导学生主动参与、乐于探究、勤于动手，培养学生搜集和处理信息的能力、获取新知识的能力、分析和解决问题的能力以及交流与合作的能力。"我国基础教育已经实施了十几个年头，在这十几年的时间里，课程改革的主阵地——课堂究竟发生了哪些变化呢？新课程所倡导的"主动参与、乐于探究、勤于动手"和"善于交流与合作"的学习方式是否真正在课堂上实现了呢？对此，谭永焕自有一番自己的见解。

"对于新课程改革，首先我们必须肯定的是，这样的一种改革趋向与形式对教学是有利的，但是我们又不得不承认，在实际教学中，这样的改革实施情况并不理想。在我看来，新课程改革在教学实践中存在着几个主要问题，一是形式主义较严重，二是学生主体地位被'悬空'，三是思维价值不高的提问响彻课堂，四是合作性学习徒有其表。"

他认为，新课程改革经过十几年的实践，一些问题开始暴露出来，应该引起教师的注意。

第一，形式主义较严重。多媒体课件泛滥成灾，教师一会儿用 Powerpoint 展示，一会儿用 Flash，不断切换。课堂表面上看热闹非凡，实质上无端地浪费学生的时间。不合实质内容的表扬响彻课堂，"你真棒""你真聪明""让我们给他掌声"……从表面上看，这样的课堂上学生的学习兴趣很浓，但事实上，这些表扬在传递过程中对教学信息干扰过大，使学生的无意注意过多，对知识的获取相当有限，以至于学生在有限的时间内无法进行自主的思考。一堂课结束，教师自己也不清楚教给了学生哪些知识，达成了哪些教学目标，学生到底学到了什么，学习效果究竟怎样。这样的课堂多是形式主义，华而不实的，表面看教学内容很丰富，事实上教学质量并不高。

第二，学生的主体地位被忽视。在课堂上，我们看到教师似乎已经走下"神坛"，学生似乎已经成为主人，其实不然。教师的"手"还在若隐若现地牵引着学生走向所谓的标准答案，教师还在继续强行干扰学生的思维方式。即便是让学生谈自己的见解，也无非是走形式而已，因为教师的眼睛并未专注于学生，耳朵也没有真正为学生而竖起。课堂上最需要的倾听应该从教师做起，可惜教师关注更多的是自己，而忽略了学习的主人——学生。

第三，思维价值不高的提问充满课堂。教师对教材的肤浅解读以及习惯于老一套的提问，常常导致提出的问题没有任何思维价值，对学生的思维训练强度也不足。在这种教学环境下，我们不得不为学生思维的灵活性、条理性、深刻性的发展感到忧虑。不论是应付考试，还是着眼于素质

培养，这样的课堂教学都不利于学生的发展。想要培养具有创新精神的人才，更是难以实现。

第四，合作性学习徒有其表。或两人，或四人，或前后围桌，或自由组合，讨论声四起，课堂看似热闹，讨论看似激烈，然而，究竟有多少学生真正表达出了自己的见解？又有多少学生在认真倾听他人的发言？这些都值得我们思考。

在谭永焕看来，剖析现状的目的在于明晰前进的方向，必须要大胆改革教学积弊，突出重围，否则，新课程改革很有可能夭折，培养具有创新精神和实践能力的人才的目标就会成为空谈。要突破课程改革的"瓶颈"，转变教学方式。教学观念必须从内容以及质上有所扭转、有所创新、有所成效，教学观念必须到位，教学模式必须有效，教学方式的转变也应该是自觉的行为而非矫揉造作。

行走在教育的路上，我们要做的不仅仅是站在讲台上对学生进行机械的知识灌输。我们必须学会思考，在思考中改进自己的教育工作，提升教学能力。有了深刻的思考，我们的教育才能更有作为，更有成就。作为一名教育工作者，谭永焕正是在思考中前行着，在思索中收获着。

## 三、 指导语文教研活动

作为教研员，谭永焕除了要努力提升自己的教研能力外，指导全区小学语文教师进行教研活动也是他工作的重要部分。他时刻谨记教研员的职责，对全区的语文教学研究与指导尽心尽力，下基层、上讲台、入教室，这是他的工作常态。谭永焕的每一次"下""上""入"都是经过精心准备的，一直力求做到有实效、有改进。他认为，在指导教师进行教学与教研的同时，也是对自己教研能力的考查和提升，"下""上""入"不能流于形式。

在每一次教学指导前，谭永焕都会先给自己"上一课"，久而久之，他对小学语文教学的熟悉程度甚至超越了有些一线教师。有了这样的功底，他给教师的建议往往一针见血，富有创见，让很多教师感到受益匪浅。

### （一）不盲从，持己见

有一次，谭永焕像往常一样，与教育局的其他教研员一同到湛江市第二十八小学听课。

其中一位教师讲课的内容是情境作文教学。上课伊始，这位教师就以唱歌的方式引入了课题。在进行简单的教学情境创设后，教师开始让学生进行讨论，之后又以唱歌的方式重现情境，再让学生进行写作，如此反复多次。课堂结束后，教研员们一致认为这是一堂很好的情境作文教学课，有的甚至觉得这堂课是情境作文教学的典范。但是，谭永焕提出了不同的意见。他中肯地指出，该教师教学力求生动有趣，这一点很值得肯定，但仍然存在一些问题。第一，没有体现情与境；第二，没有让学生产生共鸣；第三，创设情境的时候，没有对情境进行讲解，概念较模糊。此次是情境作文教学，但教师没有引导学生入情入境，学生对作文主题难以理解，说成是教学典范，存在误导的可能。

谭永焕认为，进行教研指导要实事求是。因为指导者的每一条建议都对教师具有指导性，如果一味附和别人的观点，而不能给出有益的建议，那么教研指导工作就失去了其本来的意义。谭永焕的教研指导从不盲目、从不附和，而是实事求是、有理有据地提出自己的意见，这极大地促进了各校的教学工作。

### （二）以示范为指导

由于一直深入研究教学，谭永焕对小学语文教学几乎烂熟于心。

有一次，谭永焕像往常一样到某校进行调研，听评的课是《狼牙山五壮士》。往常，教师结束教学后，谭永焕就该对教师的教学进行点评了。但是这一次他一改以往的评课方式，对那位教师说："今天我先不评课，我先讲一段你今天教的这篇课文，你看看我是怎么讲的。"之前，谭永焕并没有做任何准备，结果却讲得很精彩，大家都为之折服。类似的事情还有很多。有一次，他到特呈岛听课，当时因为一些原因，原本要上课的教

师突然说还没有准备好，讲不了课了。谭永焕对他说："没关系，既然没准备好，那今天就先听我讲一堂课吧。"于是，他走上讲台，开始给学生讲课。这次讲课虽然是"急就章"，但谭永焕讲得十分成功，教学效果很好。

谭永焕说，一堂好课是一名教师教学经验的积淀。他的每一次"随机应变"，无不体现了他丰富的教学经验和深厚的教学功底。

# 第二节　上任伊始初试水

2006 年，专职担任教研工作七年的谭永焕由于成绩卓著，被任命为湛江市第十二小学校长。湛江市第十二小学是广东省首批省一级学校，湛江市重点小学，一直呈蓬勃发展的态势，具有良好的办学特色。如何在保持教育领先地位的同时，又不断改革创新，勇立潮头，是谭永焕担任校长之初面对的重要课题。经过调查研究，谭永焕提出"名师锻造、书香校园、校本研修、信息化校园、安全校园"五大工程建设，力求使第十二小学的教学更上一层楼。从 2006 年到 2013 年，谭永焕担任湛江市第十二小学校长七年，开展了许多开拓性的工作，均取得了卓著的成绩。

从中师毕业后，他先是在一线教学，后转做教研工作，接着又到一线教学，这种实践—理论—实践的职业历练，使他具有其他教师没有的优势，所取得的工作成绩也比别人多了许多。

## 一、 以诚以德服人

2006 年，年仅 35 岁的谭永焕被任命为湛江市第十二小学校长。很多人都不以为然，认为他太年轻了，难以胜任重点学校校长，甚至有些教师对他表现出明显的不信任。不得不说，这样的质疑给谭永焕造成了一定的心理压力，但是，面对质疑，谭永焕没有为自己辩解，他决定以实际行动来证明自己。

"我被调入十二小当校长的时候，业界有些人对我持怀疑态度。35岁当重点学校的校长，太年轻了。但是我有信心，也相信自己有这个能力延续十二小的辉煌。说真的，现在想来，我还得感谢那些曾经质疑我的人，是他们加快了我成长的步伐。"

2006年的元宵节，谭永焕发表"尊重老教师，依靠中年教师，关心爱护青年教师"的就职演说，虽热情洋溢，但是看到的并不都是欢迎的眼光，其中也有挑剔的眼神。当谭永焕走到教师中间与大家相互认识的时候，一名老教师——为学校服务了三十多年的"老臣子"有些挑衅地说："年轻人，刚才讲得不错，就是不知道能否真正做到！"谭永焕虽心里"咯噔"一下，但却真诚作答："陈老师，请您监督！"

谭永焕满怀热诚地投入工作，但有些不和谐因素还是接踵而至。2006年"三八"妇女节时，学校依照"惯例"组织全体教师外出考查，考虑到学校即将实施"一费制"，外出考查经费比较紧张，谭永焕决定将原有的"不参加本次活动的发一半钱"这个政策改为"不参加活动的不发钱"。当时，公布了这个决定后，就像捅了马蜂窝一般，不少教师特别是不参加活动的教师意见纷纷，有位陈老师还在学校网站的教师论坛上发表了一些过激的言辞，谭永焕没有对这些教师加以追究。为了遏制事态的进一步恶化，谭永焕在教师大会上发自肺腑地摆出学校的"家底"：学校实施"一费制"后，每年的办公经费将由原来的三百万元左右降到近一百万元，而这些经费用于维持学校日常的水电费、维修费以及办公费已经捉襟见肘，教师的福利已无法跟以前相比。接着，他语重心长地阐述师德的重要性，还就他没有能事前跟大家做好沟通做了自我批评，这场风波总算平息。但从那之后，这位陈老师对谭永焕始终友好不起来，当着其他教师的面给他"挑挑刺儿""谈谈意见"的事情时有发生。每当这时，谭永焕总是微笑着肯定她提出的意见，反而表扬她为人耿直、坦率。这反而让陈老师开始觉得不好意思起来，慢慢地开始对谭永焕的看法有所改观。

最终让陈老师对谭永焕这位年轻校长"臣服"的还是他的一系列"真诚"的行为。2007年春节前，谭永焕想到陈老师的女儿在英国留学未归，过年时家里冷清，谭永焕就主动登门到他们家里进行慰问；2008年的一

个周末，陈老师和爱人要到韶关办事，谭永焕考虑到他们人生地不熟，便主动联系了在当地工作的一位学生家长，请他帮忙代为照应；陈老师退休那天，谭永焕还在全校教师大会上动情地评价了陈老师对学校所做的贡献……就这样，陈老师心灵上的冰雪融化了，逐渐接纳了谭永焕。2009年秋季，由于当时十二小没有招聘新教师，一时师资不足，谭永焕便给陈老师打电话："陈老师，这个学期学校还需要返聘你回来担任一个班的班主任，月薪 600 元，您愿意回来帮忙吗？"当时陈老师已经办理了退休手续，却仍然满口答应，"如果学校经费困难，我无偿代课都行"！

　　人与人之间的交往，诚心至关重要。若想得到别人的至诚之心，我们就必须以至诚之心来相处。只有推人以诚，才能让人信服。三国时期，刘备三顾茅庐邀请诸葛亮共图大业，正是被刘备求贤若渴的诚心所感动，诸葛亮才答应出山，帮助他谋取"三分天下"。谭永焕认为，作为一校之长，若要获得大家的认同，就应该推人以诚。

## 二、 思索名校未来

　　如何拓展教育新路？如何办出教育特色？自上任以来，谭永焕就在苦苦思索这些问题。为使十二小的教育更具特色，教学更上一层楼，谭永焕提出"名师锻造、书香校园、校本研修、信息化校园、安全校园"五大工程建设。实践证明，"五大工程"大大促进了学校的发展，使学校在激烈的竞争中能始终处于领先地位。

　　谭永焕对办学方向自有一番自己的见解。

　　一是以人为本。作为一名校长，如何管理学校很重要。谭永焕在管理上有自己的一套方法。尊重老领导、老教师，依靠和重视中年教师，爱护青年教师——这是谭永焕在上任第一天对大家做出的承诺。考虑到老教师年事已高，学校将不再勉强他们上公开课；学校经费极其紧缺，教师福利待遇虽已无法跟以前相比，但依然做到该发的坚持发，该考查的地方坚持考查；教师的工作安排，学校制度的制订与实施等，都注重发扬民主，力求做到既合理又合情；在招生、评优、评先等重大问题上，不搞"一言堂",不搞打击报复,而是实行"三公"(公平、公正、公开);青年教师外出学习,学校不但予以支持,而且重视创造机会和条件……谭永焕在管理工作上力求民主,集思广益。他认为,管理只有实现民主,才能真正实现管理。

二是科学管理。谭永焕主持制订了《学校教师考勤制度》《校园卫生管理方案》《书香校园、书香家庭、读书之星评选方案》《教师工作考核方案》等一系列有利于促进学校规范化、科学化管理的规章制度。从早读、早操到校园清洁,从教学常规到德育规范,从尖子生培养到后进生转化,谭永焕都事无巨细地与同事们一起探讨如何才能规范管理,力求使学校走上有章可循的良性发展道路。他还在全校极力推动文明标兵班评比、卫生流动红旗评比等活动。这些活动使得学校在校风校貌上有了很大的改观,同时对增强学生的集体意识也起到了很好的促进作用。

三是重视细节。"一花一世界,一叶一菩提""抓两头促中间""备准、练准知识点,引导学生学有价值的知识""艺术直通人的心灵""踏步要踏出十二小学生的精神,蹦跳要蹦出十二小学生的灵气"等话语,在十二小不仅仅是口号,更是真切的实践。在教育过程中,谭永焕非常重视教育细节,追求以小见大。首届学生才艺展示、首届体育节、迎新年古诗词朗诵比赛、庆"六一"讲故事表演等活动的举办,呈现出来的就是一个个鲜活的教育实践。作为校长,谭永焕不但亲自策划每一项教育活动,而且敢于"上山下海",品尝教育细节中的酸甜苦辣。《送孟浩然之广陵》《卖火柴的小女孩》《名字的故事》《听音响编故事》……在这些"下水课"中,谭永焕深深体会到"纸上得来终觉浅,绝知此事要躬行"的微言大义。值周或巡堂时,每次看到学生或凝神倾听,或心不在焉,或者是面对一些极其顽劣的学生时,谭永焕都会不由陡然升腾起一份沉甸甸的责任感——一个也不能落下呀!

四是敢为人先。按照学校"激励创新,和谐发展,读写算见长"的办学要求,谭永焕大力倡导营造书香校园,并在全区首开先河,组织青年教师开通教育博客,率先成立十二小"小作家班",要求撰写班级日记、背诵唐诗宋词、课前五分钟练字等。为了进一步推动书香校园的发展,谭永

焕还开展评选"书香班级""书香家庭""读书之星"等活动。十二小是"广东省校本研修试点学校"和"广东省英特尔未来教育推广示范学校"，学校以此为契机，把书香校园建设、教师专业发展、信息化教育推广、教育科学研究等工作进行整合，力求闯出特色发展与品牌创建的新路子。

五是兢兢业业。谭永焕曾在个人博客里写过一篇题为《苦着，累着，图什么》的文章，当时确实是有感而发。其实这些年，谭永焕的确是把他绝大部分的精力与心血都倾注到了这份事业上。谭永焕说："虽不敢说自己每天来得最早，但绝对是走得最晚，无论中午还是下午。"学校经费、教育质量、社会期望、校际竞争，等等，有形和无形的压力都在警示着他。事必躬亲，废寝忘食，谭永焕之所以会这样对待工作是因为有压力，更是因为责任，他承担着一份对学生、对教师及对学校发展的责任。

## 三、 明确办学目标

谭永焕明白，一个科学的目标对学校的发展意味着什么，上任伊始，他就进行调研，着手为十二小制订发展目标，并带领全体教师为实现目标而执着奋斗。

"湛江市十二小从1960年建校以来，在几代人的努力下打下了良好的基础，这是一份宝贵的财富，是无可衡量的无形资产，作为十二小新一届的领导，我要继续保持它的领先地位。压力是肯定有的，为了将学校继续办好，我想了很多的办法。说实话，期间我学到了不少东西，管理能力也得到了不小的提升。"

无论是治学还是治教，首先要有执着的追求，登高望远，瞰察路径，明确目标与方向，了解事物的概貌——这是王国维治学成大事业之第一境界，也是谭永焕对教育事业的理解。要执掌十二小的重任，为十二小的发展确定目标，就必须了解十二小，才知其发展方向与前景。谭永焕开始深入研读十二小这本厚厚的"书"：学校的历史演进和文化积淀，历任校长的治校方略和作风，每一位教职工的德能勤绩与个性特点，社区资源的优势与不足，等等。"人无我有，人有我优""激励创新，和谐发展，读写算见长""敢为人先"这些体现学校文化的字眼常常在谭永焕的耳畔回响。如何贯彻"三个代表"重要思想？如何落实科学发展观？如何促进素质教育的不断深化？如何把这些"高端"思想与理论落实到教育实践中？这些问题常常在他的脑海萦绕。如何巩固优势、如何发展特色、如何创新品牌等涉及学校发展的具体问题也常常浮现在他的心头。谭永焕给自己定下了目标：要做一个有思想的校长。在教育实践中，他努力践行以人为本、科学管理、关注细节、追求特色等办学理念，力求工作做到富有成效。谭永焕带领十二小全体师生朝着既定的方向不断前进，明确目标，执着追求。

从刚入教坛的惶恐紧张到如今的气定神闲，谭永焕在教书育人的道路上不断前行，期间既有过失败与不安，也有过成功与喜悦。在教师这条路上，谭永焕尝过苦味，最后也收获了成功的甘甜。一路走来，谭永焕感悟颇深。

"首先，我是把教育当成一种享受。我们也许改变不了社会现实，但可以改变自己的人生态度和思维方式，把教育看作是一种享受。其次，作为一名校长，我是这样理解的：校长必须善待每一位教师，善待每一颗心灵；学校的发展必须要有'规矩'，'没有规矩不成方圆'；人文关怀与科学管理要坚持'两手抓'，并且'两手都要硬'。"

谭永焕站在学校发展的高度，不断拓宽办学思路，提升育人深度，激发教改热情，取得了卓有成效的成绩，不但提升了十二小作为名校的地位，也赢得了社会各界的尊重。

对谭永焕而言，教育不仅仅是一份职业，也是生命的一部分。享受教育，就是享受生命。执教二十余年，谭永焕本着一颗最真诚的心，认真完成每一项教学任务，用心对待每一名学生，可以说，"教育"已经渗透到了谭永焕的生命中。谭永焕从当初那个默默无闻的农村教师，成长为如今颇有声望的特级教师，这一路走来，有成功，也有挫折；有甘甜，也有苦涩；有前进，也有徘徊，但他从来没有想到过放弃。因为热爱教育，创新教育；因为热爱教育，享受教育；因为热爱教育，憧憬教育。

## 第三节　敢为人先拓新路

谭永焕在教学之路上不断探索、发现与创新，不断进步与发展。名师之所以为名师，是因为他在教学中有独到的见解及自身的一套教学理念与方法。他在漫长的教学生涯中，之所以能取得突出的成绩，在教学上的创新之举卓有成效，被同行所认可、所敬佩，被称为卓越教师，与他先进的教育理念和丰富的教学实践经验是分不开的。

## 一、　敢于打破常规

谭永焕由一个初出茅庐的教学新手，成长为一名优秀的语文教师，一名名校校长，都是其努力奋斗的结果，更是其敢于创新的收获。谭永焕主张尊重学生的生命本真，让学生在接受教育的同时释放天性。

"我一直不主张应试教育，我觉得教育就应该要'活'。在第十二小学任教的时候，我申报了名为'真心语文'的研究。'真心语文'把尊重学生生命本真作为宗旨，引领学生真心、真实、自主地进行语文学习，促使他们与文本、作者（甚至编者）、教师和学习伙伴进行率性的心灵对话，真实、朴实、扎实地感悟语言文字蕴含的情、理、趣，理解语言文字表达的精、准、妙，丰厚语言积累和精神积淀，培育阳光的语文学习个性，培养良好的语文学习习惯，发展健康的审美情趣和道德修养，最终实现语文素养的全面提高。我认为'真心语文'就是一种'活'的教育，让学生主动参与到教学中，让他们愿学、乐学，这在教学中是十分重要的。可以说，近几年我都以'真心语文'这一思想作为我教学上的主要理论支撑。"

### （一）探索

"真心教育"的提出是对应试教育的"反叛"。在教学中，许多教师只注重教学成绩，而往往忽略学习的主体——学生。谭永焕认为，教育应怀抱一颗"真心",潜心钻研。教师是引导者,必须给学生以正确的引导,用心于学生,尊重学生的不同个性,因材施教,让学生充分发挥其主体性。

谭永焕提出"真心教育",并不断探索与践行着。他认为,教师要想把一颗"真心"投入其中,应做到两个方面。一是对教学内容用心,二是对学生用心。谭永焕说,每个学生都是独立的个体,都有其独立的思想,我们不能总是把同一套教学方法用在不同的学生身上,而应用心观察学生,用心引导学生。

### (二)把握

对于如何进行"真心教育",谭永焕主要把握住了两个方面。一是分层教学。即对不同学习阶段的学生采用不同的教学方法。比如,低年级的学生能自述对学习内容的理解,就算达到了教学目标,而高年级的学生则要结合自身实际(生活体验)畅谈自己对学习内容的理解,注重深层次的感悟才算达到教学目标。二是思维创新。谭永焕说:"教学不只是教给学生简单的道理和知识,更重要的是要教会学生思考。"书本上的知识是"死"的,而方法与思考则是"活"的,学生要学会思考、学会学习,以便在今后的学习生活中将其"活"用。

在谭永焕的课堂上,学生的思想是"自由"的。没有"标准答案",只要言之有理,他都会给予尊重和鼓励。而在这个过程中,他会适时给予学生引导,促进其"活思考",促进其深度发展。

### (三)推广

在小学各科教学中,音乐、美术、体育等"副科"的课时常常被忽略,常常由于"主科"的需要而被"借用"。在"真心教育"理念下,每一门课程都是"主科",都有其存在的重要性与必然性,都是不可取代的。谭永焕最开始时是一名语文教师,而后成为一名校长,其教学理念也随着职位的变化而不断发展。最初,谭永焕提出"真心语文",这一理念是从其自身的学科出发的。而后,在"真心语文"的基础上,他提出了"慧心

数学""动心英语""健心体育""悦心艺术"等，这"五心教学"形成了较为完整的"真心教育"理念。

在"真心教育"理念指导下的教学，不存在"学科歧视"，它要求每一位教师都要把"真心"用于教学上，以学生的利益为出发点，用心于学生，用情于教育，真正做到"一切为了学生，为了学生的一切，为了一切学生"。在"真心教育"理念下，力求实现真正的"活"的教育。

## 二、 苦心寻求突破

### （一）直面困境

"一所学校要发展，一定要有一种校园文化的定位。"校园文化是学校的一种"教育场"，它是由物质文化、行为文化、制度文化和精神文化等组成的有机整体，是学校教育的重要组成部分，是展现校长教育理念、学校特色的重要平台。它不仅能陶冶情操，规范师生的行为，而且能够激发全校师生对学校准则的认同，加强作为学校一员的使命感、归属感，促使师生形成强烈的向心力、凝聚力；同时，能对学生起到潜移默化的教育作用。

在湛江市第十八小学工作期间，"如何彰显学校特色"是谭永焕常常思考的问题。必须寻找突破口！湛江是海滨城市，是南海舰队的重要所在，全国独一无二，这不是难得的教育资源吗？谭永焕决定结合学校实际，积极开展特色校园文化——"海军文化"——活动。"海军文化"以培养学生的爱国主义情感为重点，以彰显文化特色为目标，积极推进课程改革，以期取得显著成效。

"我在学校进行海军文化教育，是出于对当今社会现状的一番思考后决定的。……我认为应该从小就抓好孩子爱国情感和国防意识的教育。我们所处的湛江是一个海滨城市，结合我们本地的特色和当今的形势，我校进行了'海军文化'这一校园特色的建设。"

### （二）伺机而动

走进十八小校园，一块巨大的刻有"扬帆搏浪走向世界"的牌匾映入眼帘，浓郁的海洋气息迎面扑来。校园门口左侧一块长达 100 米的板报——"爱海军、爱海洋、爱祖国"主题文化专栏，向学生展示了海军官兵抢险救灾、出海护航、坚守礁岛以及各个不同时期涌现出来的海上英雄的风采；而"学海军、爱祖国"宣传画中的海军战士个个手握钢枪、英姿飒爽，极富感染力，令人顿生敬意。这一面面会"说话"的墙，营造了浓厚的育人氛围，使学生深受爱国精神的熏陶。以"温馨教室、文化教室"为主题的班级文化建设，为学生的学习和生活营造了健康、和谐、文明的氛围。校园处处渗透着军旅文化元素，感染着每个孩子的心灵。

每周一的"国旗下的讲话"有计划地组织以"弘扬海军精神"为主题的演讲，《中国海军发展史》《海军战士捍卫祖国领土》等洋溢着爱国主义精神的演讲启迪着学生的心智，滋润着学生的心田。每周各班都以"海军文化"为主题开展一系列班队会活动，如举行"讲军旅故事"比赛、组织学生参观南海舰队军史馆、学唱军旅歌曲等。一系列内容丰富、形式多样的活动，陶冶着学生的情操，塑造着学生的人格。学校试图通过让学生走进军营，了解军营生活，体验军事训练的艰苦，学习海军优良的传统，让学生树立严明的纪律意识，培养其吃苦耐劳的品质，磨炼其顽强的毅力，激发学生热爱蓝色军营的情怀。

有人认为，未来学校的竞争，归根结底是学校文化的竞争。校长应善于在教育实践中把校园文化积淀下来，形成一种教育影响力，一种孕育着巨大潜力的教育资源。谭永焕认为，一所好的学校，一定有优秀的校园文化，而优秀的校园文化是成就教育品牌的基石。十八小坚持以"海军文化"为主题建设校园文化，以全面实施素质教育、培养学生实践能力、培养学生爱国情感为出发点，坚持把校园文化建设作为学校品牌发展、特色发展的重要抓手和载体，坚持以优秀的校园文化陶冶人，以高尚的校园精神激励人，以科学的校园制度鞭策人。

## 三、 业绩更上一层

谭永焕担任湛江市第十八小学校长后，为了全面提升全体师生的素质，主要针对两个方面进行推进，一是提升教师专业水平，二是开展校本文化建设。

### （一）提升教师专业水平

素质教育要求教师具有更高的师德境界、更优化的知识结构和更全面的专业技能。这就要求教师要努力完善自身的知识结构，提升多元性和高层次的专业能力。谭永焕认为，作为教师，只有不断地去学习，才能扩展知识范围，及时更新知识，以适应社会发展和教育发展的需要，才能担负起教书育人的责任。那么，如何提升教师专业水平呢？

1. 请进来

邀请教学名师进校进行讲座，通过这种形式让学校教师与名师进行面对面的交流与探讨，学习名师先进的教育理念、科学的育人艺术、朴实的做人道理。了解自身的优势与不足，从而找准自己的专业发展方向。

2. 走出去

教师入职前，由于缺乏教学实践，对相关理论的理解难免不够透彻。进入职场后，由于有了一定的实践经验，因此对教学理论有了更深层次的理解，这就决定了"走出去"的必要性。学校挑选一批富有开拓精神的教师到名校跟岗学习，或到师范院校参加专业培训。带着问题进行学习能够开阔视野，拓宽思路，更加有效地抓住问题的核心和实质，进一步更新教育理念，提升教育能力，更好地为学生服务。

3. 潜其中

教育改革不断深化，促使教师不断学习新的教育理论。教师的教学要想与时俱进，就要不断学习。谭永焕要求每位教师应坚持每天读书，深入思考，把理论与实践结合起来，更好地提升专业水准。

### （二）开展校本文化建设

在教育改革的路上，谭永焕从不因循守旧，而是勇于创新，稳步前行，积极开展校本文化建设，努力打造富有特色的教育教学品牌。他认为，学校文化建设必须以校为本，做到一校一特色，一校一亮点。而以校为本又必须考虑学生的个性特点和成长规律；同时，校本文化建设要充分发掘和利用好校内外丰富的课程资源。在湛江市第十八小学任职期间的日子里，他组织启动了三项校本文化建设工程。

1. 开展海军特色文化建设，从小培育和践行社会主义核心价值观

《从小自觉培育和践行社会主义核心价值观》——这是习近平总书记2014年"六一"儿童节期间在北京市海淀区民族小学主持召开座谈会时的重要讲话。湛江市第十八小学大力开展海军特色文化建设，开展了一系列以"爱海军、爱海洋、爱祖国"为主题的有意义的活动，编写了生动活泼的《海军文化》校本教材，开设"海军文化"校本课程，引导学生了解海域，了解海防，学习海军，目的在于促使学生从小自觉培育和践行"以爱国主义为核心的民族精神"，让社会主义核心价值观的种子在少年儿童心中生根发芽。当前，学校掀起了"学海军精神，做文明守纪学生"的热潮，全校师生的精神面貌焕然一新。

2. 营造书香校园，促进精神发育

谭永焕从踏入湛江市第十八小学的第一天起，就向全校师生发出疾呼："与书为友，以书做伴，让校园成为书海，让心灵飘溢书香！"他倡导大家设置图书角、开放图书室，建立开放书吧（包括收集了大量儿童文学著作的校长办公室也向全体学生开放），开展读书节活动，举办阅读能力现场口头测试和竞赛活动，评选读书之星，等等。这些举措推动了全校师生读书热的兴起。朱永新先生说："没有阅读就不可能有个体心灵的成长，不可能有个体精神的完整发育。"十八小开展的读书活动要走的是持之以恒、行之有效的路。"咬定青山不放松"，只为"腹有诗书气自华"。

3. 构建"社会知识大课堂"，培育素质全面的有用人才

湛江市开展交通大整治活动，谭永焕请来交通警察给全校师生上交通

规则宣传教育课；举行"校园小律师"活动，邀请霞山区人民法院的法官和人民检察院的检察官给师生做法律知识讲座……十八小还开设了富有特色的书法课、舞蹈课、篮球课、小作家课等第二课堂。近期，谭永焕又在筹划一项校本课程：邀请教师、学生、家长以及社会有关领域的专业人才，每人向学校申报一门自己最拿手的课程，学校结合教育教学的实际需要，有计划、有目的地实施相关校本课程。课程资源丰富多彩，生活就是课程，社会就是课程，教师、学生和家长等都是课程。谭永焕把这些课程称为"社会知识大课堂"。每个人"最拿手的课程"教科书上是找不到的，而又是人生路上不可或缺的。

真心课堂，用心教育。本篇主要阐述主人公一直秉持的"真心课堂"理念，内容涉及真心教育的含义，真心教育的理念，以及如何践行真心教育。其中，尤为关键的是营造有感情的课堂，求真知的课堂，同时，要注重学生立场。

中 篇　教育理念

# 第三章　情知结合：营造真心课堂

　　情知结合的"情"指的是广义的情，即情意，"知"指的是认知。现代心理学理论认为，教育是一项充满感情和爱的事业，现代教育不仅要培养智慧的人，还要培养情感健康的人。因此，学校教育不仅要满足学生适应自身发展的认知需求，还要满足学生丰富多彩的精神需求。谭永焕认为，教师不仅要在学业上培养优秀的人才，更要在情感上关注与引导学生，使学生在知识层面和情感层面都能得到健康向上的发展。既要营造充满感情的课堂，又要构建追求真知的课堂，这就是情知结合的教育。

## 第一节　情知结合的含义、 特点与意义

　　情知结合这一理念最初由冷冉先生提出，概括地说，就是把认知因素与情感因素辩证统一起来进行教学。它与传统教学有着明显的区别，传统教学只着眼于认知目标，重视认知因素在学生学习活动中的作用，但其往往以牺牲情感目标为代价。尽管传统教学有时也讲兴趣、情感、意志和性格，但不过是将其当作认知的辅助手段而已，并未作为主要的教学目标。"情知教学"与之不同之处在于，它主张教学目标应是认知目标和情感目标的统一，强调学生认知心理和情感心理的和谐发展。谭永焕认为，在教学中，我们不但要重视学生的认知，即智力因素的培养，更要重视学生的情意，即非智力因素的发展。

## 一、 情知结合的含义

### (一)"情"的含义

情知结合中的"情"指的是情意。对于教学中的"情",每个人有不同的理解,有人认为,"情"既指需要、动机、兴趣、情感、意志、性格等心理因素,又指感受、情绪、意志、性格等心理过程,即情的心理过程。[①] 有的则将"情"直接理解为一种课堂教学的情感,认为情知结合的教学也是一种情感教学。他们对"情"的教学有一个共同的理解:情感教学是指教师在教学中,关心、体贴、尊重每一位学生,与学生进行充分的情感交流,不随意批评、指责学生的过失,一直保持好的师生间建立在教与学的基础上的友谊。[②] 教师在充分考虑认知因素的同时,也发挥情感因素的积极作用,以此完成教学目标,优化教学效果,完善对学生综合素质的培养。[③] 关于对"情"的理解,谭永焕比较赞成第一种说法。

教学中的"情"指的是情意,指需要、动机、兴趣、情感、意志、性格等心理因素。在教学过程中调动学生的"情",也就是调动学生对学习的需要,调动学生的学习动机,培养其对学习的兴趣,并在情感、意志和性格等方面对学生进行培养和提升。谭永焕认为,在高速发展的当今社会,仅具有认知能力而不具备情意的人是难以适应社会的,当今社会需要的是全面发展的高素质人才。情知教学着眼于培养高素质的人才,因此,教育中的"情"不应再被忽略。

### (二)"知"的含义

情知结合的"知"指的是认知。这里既指感知、记忆、想象、思维的心理因素,又指感觉、思想、知识、智慧的心理过程,即知的心理过

① 汪风雄.小学教学新模式典型课例［M］.北京:中国档案出版社,2004.
② 宋美素.课堂情感教学之我见［J］.西藏科技.2002(2).
③ 王翠英.语文教学中情感教学策略实施［J］.忻州师范学院学报.2001(1).

程。[①] 认知指通过言语、色彩、形体或印象去理解、体验与表达个别的、具体的事物中的一般意义，从而与人、社会、自然和宇宙之间最一般或最本质的方面，建立起认知的、道德的与审美的联系。一般认为，认知指的是人脑对事物的构成、性能及与他物的关系，发展的动力、发展方向以及基本规律的把握的过程。

认知就是对事物把握与了解的过程。在这个过程中，人们在感知、记忆、想象和思维等心理因素上发生着变化。认知是一个循序渐进的心理过程，在这个过程中，人们首先对事物的表象进行感知，这样的感知使人对事物有一个表层的了解，并在大脑中对这一事物有一个印象，这也就是我们所说的记忆。完成感知与记忆的过程之后，人们对事物已有了一个表层的认知，继而会对其产生一种带有自身思维特点的想象，并最终产生自身对这一事物的具体认知。谭永焕认为，教师在教学中如果能够把握学生的这种认知过程，将会取得更好的教学效果。

人们运用现代教育理论来审视教学活动，把教学视为一个系统，一个由教师和学生围绕教材展开的知识的传递、生成和转化的系统。[②] 这是传统教学的重点，也是一个促使学生认知发展的系统。情知结合的教学是在继承传统教学基础上的一种优化教学，"知"就是对传统教学的继承，其意义在于对学生认知能力的培养。

综上所述，我们可以将情知结合的教育理解为，一种既关注学生的认知（智力能力），又重视学生情意（非智力因素）的促进学生全面发展的教育。

## 二、 情知结合教育的特点

### （一）以生为本

以生为本，简而言之就是指教师在教学中要把学生当作有思想、有感

---

① 汪风雄．小学教学新模式典型课例［M］．北京：中国档案出版社，2004.
② 卢家楣．情感教学模式的理论与实证研究［M］．上海：上海人民出版社，2008.

情、有权利、有尊严的人，要求教师充分尊重学生的个性，时刻把学生的利益，尤其是学生的成长和发展放在心上，努力引导和培养学生。

情知结合的教育致力于把"能不能""懂不懂""会不会"的问题与"愿不愿意""喜不喜欢""相不相信"等问题统一于整个学校教育和课堂教学之中，充分体现教师对学生个性与人格的尊重。谭永焕认为，在情知结合的教学中，教师不会以高高在上的姿态或以家长式的作风对学生发号施令，而是充分信任并尊重学生，时刻谨记以生为本的教学原则。学生的权利与尊严得到了维护与尊重，也就更"乐学""愿学"了，这必将取得更好的学习效果。

### （二）师生和谐

在情知结合的教学中，教师与学生是一种平等的关系，是一种相互尊重的关系，教师与学生间的关系是和谐的。在这种教学模式中，教师是作为一个指导者而存在的，而学生是学习的主体，这两种角色互不干涉，又相互联系。也可以说，在情知结合的教学中，教师与学生之间是一种相互合作的关系。

### （三）目标全面

情知结合的教育不仅把传授知识、培养能力、开发智能作为教育的重要目标，也把陶冶情感、培养意志、形成良好的个性品质作为重要目标。[①] 传统教育只注重对学生认知能力的培养，其教学目标只是定位于对学生知识、能力与智能的开发上，这样的教学是不够全面的。谭永焕说，人的发展不仅在于智能与知识方面的发展，情意，即情感、意志和个性品质的发展也很重要。在情知结合的教育中，我们可以看到，其教学目标不仅侧重于学生智能的发展，同时包含了对学生情意的培养，因此，情知结合的教育目标是较全面的。

---

① 汪凤雄．小学教学新模式典型课例［M］．北京：中国档案出版社，2004.

## （四）情知共进

情知结合的教育，顾名思义就是在教学中同时对学生的"情"与"知"都给予关注和重视。在情知结合的教育中，教师不再只注重对学生认知，即智能方面的培养，不再只关注学生的成绩，而开始注重对学生非智能因素的培养。学生的认知与情意是共同发展的，教师在培养学生认知能力的同时，不再忽略对学生情意方面的培养。

## （五）情感强烈

教师要时刻保持对教学的热情。这一点在文科类教学中尤为重要，如果教师尚无教的热情，那又如何让学生有学的热情？教师要始终保持一颗爱学生的心。在学生有问题或者出错时要包容和爱护学生，在学生有优异的表现时要不吝于赞美之词。教师对学生的赞美往往能使学生增强学习的信心，使学生获得积极的情感体验。

# 三、 情知结合的意义

## （一）促进学生的全面发展

一个全面发展的人，无论在认知方面还是在情意方面都是优秀的。而传统的教学只注重对学生认知能力的培养，对情意方面的教育是缺失的。也就是说，传统的教学不能满足培养全面发展的人才的需要。情知结合的教育主张应结合情意与认知两种因素对学生进行培养。既培养了学生的认知能力，即感知、记忆、想象、思维能力，又关注了对学生情意，即需要、动机、兴趣、情感、意志、性格等方面的培养。

## （二）让教学活动心理化

情知结合的教学是一种将教学心理化的教学，即借助于心理学研究成果解决教学问题，使教学论的发展建立在可靠的心理学理论基础上。以情

境与认知相统一的观点解释教学的本质问题。这是一些学派很少具有的。布鲁纳的认知论只是从认知的角度着重研究了学科知识形成的原因，而没有关注情意因素的重要作用。赞科夫的发展论只是侧重研究人的全面发展因素，也没有明确提出教学的本质规律所在。根舍因的范例论，同样缺少从心理学的观点来研究分析教学的现象及其规律。而情知教学是博采众家之长，别具一格的。[①] 情知结合的教学将情境与认知相统一，以此来解决教学的本质问题。谭永焕认为，这样的教学方式，让学生在心理层面上对所学的知识有了一个初步的了解，这在促进学生领悟知识的同时，也是对学习心理的一种激发。

### （三）有利于解决教育问题

从学生的角度来说，相当一部分学生是由于学习态度不端正，兴趣不高而导致的成绩不佳。具体表现在学习中就是缺乏动力，注意力分散等。从教师层面来说，主要是教学观点陈旧，教学方式刻板。反映在教学过程中，总是程式化，片面强调认知因素，忽略情意因素。情知结合的教学则正是为克服和纠正这些教学弊端创造了有利条件。[②]

# 第二节　营造有感情的课堂

课堂情感的营造对于教学而言是非常重要的，没有情感的教学是冰冷而死板的，这样的教学最终能够达到怎样的效果我们可想而知。谭永焕认为，情知结合的教学中很必要的一点就是要进行情意教学，在情知教学中营造课堂情感是很重要的。

---

① 吴恒山．情知教学的提出及其理论要点 [J]．教育科学，1990（1）．
② 吴恒山．情知教学的提出及其理论要点 [J]．教育科学，1990（1）．

## 一、 抓重点词句， 挖教材情感

抓重点词句，挖教材情感。顾名思义，就是教师在教学过程中要注重对文本的解读。谭永焕认为，在教学中应该注重对重点词句的讲解。重点词句是表达文章中心的要点，抓住这些重点词句来进行讲解，既能将要点讲明，又能让学生以便捷的形式理解课文。

在炮兵阵地上

步骤一：紧抓重点

1. 找出描写彭总（彭德怀）的语言、动作、神态的句子，了解彭总是一个怎样的人。

2. 细细品味找到的句子，并进行交流。

步骤二：情感升华

1. 让学生找出彭总在谈到每一件事时的神态、语言和动作，要求学生画出来，并细细品味。

2. 让学生自由反复研读，找出其中的重点词句，结合情境，说出自己对这些重点词句的理解。引导学生从中深刻感受彭总真挚的情怀，高尚的品格：严中含爱，爱中有严。

（节选自湛江市第十二小学教案选编《在炮兵阵地上》，
原文有删改，作者：谭永焕）

### （一）发挥想象

爱因斯坦曾说："想象力比知识更重要，因为知识是有限的，而想象力概括着世界上的一切，推动着社会进步，并且是知识进化的源泉。"缺乏想象力的学生对文字的情境理解往往不具体、不深入，不易形成清晰、深刻的个性体验；而想象力丰富的学生则思维活跃，创造力强，学习效果明显。在教学中，教师应该引导学生对重点词句进行揣摩，让学生展开想象，联系各方面，例如上下文、作者的情感或者是修辞的特点等，引导学生反复研读文本，体验感悟。

## （二）质疑问难

教师对重点词句进行设疑，通过提问的方式来对其进行讲解。有效的提问最能激发学生的学习热情，起到启迪学生思维的重要作用。学生解决问题的过程也是对知识进行探索的过程。学生可以结合问题对重点词句进行自主探究，从而获得新知。

## （三）联系生活

陶行知先生说："生活即教育。"他把教育看成是生活原本应有的事物，而不是外加于生活之上的事物，强调教育与生活有着不可分割的关系。首先，联系生活是一种对教材的回归，因为教材本来就来源于生活。其次，联系生活的教学不仅能让学生"愿学""乐学"，并且能让学生对知识有更好的把握。于教师而言，这样进行教学也更为轻松。

## （四）比较揣摩

运用比较教学法，可以使教学内容变得丰富，教学思路变得宽广，并且能开拓学生的思维空间，培养学生的想象力和思维能力。在语文教学中，教师经常采用的一种比较方式就是换词比较。如在讲解重点词句时，教师常让学生更改某个重点词句，以比较优劣。通过这样的比较，不但能让学生理解作者用词的准确性，以及某词在文中的不可替代性，同时可以加深学生对课文的理解。

## 二、 以己之情激学生之情

要激发课堂情感，教师就要有丰富的课堂情感体验。谭永焕认为，其中最重要的是要用自己的情感去感染学生，做到以情传情。以己之情激学生之情是指在教学过程中，教师不但要关注自己的课堂情感体验，还要以自己的课堂情感体验去感染学生，以此激发学生的学习情感。

十里长街送总理

步骤一：渲染气氛，引入情境

1. 师：（播放狂风的录音）同学们，请听，狂风在呼啸，在长吟。它扫过大地，卷过长空，摇撼着树木，抖动着电线，为一颗伟大的心脏停止了跳动而发出一阵阵悲戚的呜咽。现在就让我们感受着刺骨的寒风，走近长安街，看看首都人民是怎样送别敬爱的周总理的。

2. 播放录像，再现情境。（有画面，有哀乐，有朗诵）

3. 引导表达观后感，进行语言训练。

看了这场_____的送别，我的心_____。

步骤二：引导品读，探究问题

1. 等灵车。

2. 望灵车。

（1）以问促读：灵车到来时人们是怎样相送的呢？

（2）品味语感：反复读，激发情感。

（3）问题讨论：指挥人们行动的到底是什么？

（4）重现图片：拓宽意境，激发依恋之情。

3. 送灵车。

步骤三：总结学习，巩固所学

（略）

（节选自湛江市第十二小学教案选编《十里长街送总理》，

原文有删改，作者：谭永焕）

## （一）语言传达

教师的语言在很大程度上决定着学生的学习效果。形象的语言能将"死"的知识变为学生易于接受和理解的"活"知识；具有情感的语言，能感染学生，陶冶学生的情操；生动的语言，能吸引学生，振奋学生的精神，让学生听了便"如入其境，如见其人，如闻其声"，使教材化难为易，使学生得到美的享受，从而提高教学质量。教师可以通过多种方式对学生进行情感传递，语言传达是最简单明了的方式。用语言传达情感的形式可

以分为几种，如提问、朗读、讲故事等，其中又以朗读最为有效。

### （二）外观传达

外观传达是一种间接的情感传达方式，主要是通过教师的面部表情、着装以及教学环境等对学生的情感进行引导。尤其是小学生，特别容易被一些新鲜的事物所吸引。学生在课堂上很容易记忆力不集中，此时，如果课堂的外观设计与课堂教学密切相关，就能吸引学生的注意力，产生意想不到的情感传达的效果。

### （三）板书传达

板书设计往往是教学的关键所在，对课堂教学起着十分重要的作用。首先，板书设计能够缩短教学时间。简单明了的板书设计，能让学生较好地理解教师的教学思路，有利于提高教学效率。其次，板书设计能突出重点，抓住教学核心。再者，好的板书设计能激发学生的学习兴趣。板书是教学思路、教学重点和教学情感最直接的表现。结合学情进行板书设计，往往能激起学生的学习兴趣，从而达到激发学生学习情感的重要作用。

## 三、 启发想象， 入情入境

营造有感情的课堂，其中很重要的一点就是激发学生的想象力。谭永焕说，只有激发了学生的想象力，让其展开想象，才能使之更好地体验课堂情感。如果学生不具备想象能力，学习就是"死"学习，不可能获得良好的学习效果。

小壁虎借尾巴

步骤一：复习检查

（略）

步骤二：看图导学

（第三自然段）

1. 小壁虎是怎样向小鱼借尾巴的？请大家看图，按照"谁—在什么

地方—在干什么"的顺序用自己的话说清画面内容。(小壁虎爬到小河边，向小鱼借尾巴)

2. 小壁虎的尾巴断了，又伤心，又难过，它急着去借尾巴。课文是怎么写它来到小河边的?(爬呀爬)"爬呀爬"说明了什么?(说明小壁虎从墙角到小河边爬的路较远，断了尾巴后爬的速度慢)

3. 指导学生朗读"小壁虎/爬呀爬，爬到/小河边。"(注意停顿，"爬呀爬"要读得轻而慢)

4. 小壁虎爬到小河边看到了什么呢?(看见小鱼摇着尾巴，在河里游来游去)指名演示理解"摇"这个字。(板书：摇)

5. 小壁虎看到小鱼的尾巴摇来摇去，心里会想些什么呢?(引导学生进行合理想象)

(节选自湛江市第十二小学教案选编《小壁虎借尾巴》，

原文有删改，作者：谭永焕)

### (一) 巧用插图，丰富想象

课文插图作为教材的有机组成部分是不可忽视的课程资源。它是文本内容的图解，是形象化的课文语言，是直接推动学生进一步展开丰富的"阅读想象"的催化剂，是培养学生感悟语言和扩展想象力的重要凭据。[①]图画具有形象生动的特点，容易引发学生的想象。教师在教学中应该引导学生对插图进行观察和欣赏，让学生在感知图像的基础上，巧妙地利用插图这一载体，展开丰富的想象。

### (二) 抓住空白，启迪想象

艺术的作品形式要求精炼而不失含蓄，这就要求作者最好不要对情节做面面俱到、事无巨细的描写，应给读者留一些想象与补充的空间。在教学中，教师应尽量唤起学生头脑中储备的相关知觉表象进行加工、组合；再引导学生或补充课文内容，或延伸故事情节，或创造新的自然、社会环

---

① 孙瑞芝.浅谈小学语文教学中学生想象能力的培养［J］.教育学文摘，2011(18).

境，从而加速他们的再造想象向创造想象的转化。① 补充课文留白是一种很好的培养学生想象力的教学手段，这种教学手段在丰富课文内容的同时，又能培养学生的想象力。

### （三）据情绘图，展开想象

如果文章是对某事、某景、某物或某人的描写，此时，教师可以引导学生以绘图的方式将其描述出来。这种方式在启发学生想象力的同时，能增进学生对课文的理解。都说画即是诗，诗即是画。古诗词语言简练，但所表现的意象非常丰富，非常优美。如果学生能结合绘图方式对诗词进行理解，将会达到更好的效果。

## 第三节　营造求真知的课堂

课堂是教师传授知识的场所，也是学生追求真知的地方。教师应承担起向学生传授真知的责任，对教学采取严谨的态度。营造追求真知的课堂是每位教师心中应有的信念。谭永焕向来强调教学应使学生获得真知，并提出了教学"三点论"，即教学切入点要巧妙、课堂动情点要凸显、课程训练点要扎实。

### 一、　切入点要巧妙

切入点是指理解文本的最佳着力点，它是使教学内容逐步深入的起始点，是激发学生学习兴趣的关键点。谭永焕认为，万事开头难，切入点的正确与否直接关系到一堂课的成败。

---

① 陈琦，殷玉辉. 小学语文教学中学生想象力的培养［J］. 延边教育学院学报，2012，26（5）.

酸的和甜的

步骤一：课件引入，激趣导课

1. 看老师带来了什么？尝过的小朋友说说它是什么味道？

2. 让我们带着酸酸的味道和甜甜的味道，分别读读"酸的和甜的"这两个词语。

3. 教学生字"酸"，重点指导书写。

4. 欣赏《酸的和甜的》的动画。

步骤二：初读感知，构建表象

1. 读准字音，读通课文。

2. 检查学生的读书情况。根据学生反馈，贴上四个小动物的图片。

步骤三：朗读感悟，披文入情

1. 朗读，品悟"酸"的部分。

2. 朗读，品悟"甜"的部分。

步骤四：探究寓意，拓展延伸

（略）

（节选自湛江市第十二小学教案选编《酸的和甜的》，

原文有删改，作者：谭永焕）

## （一）从课文题目切入

高明的作家总是精心拟定题目，用来揭示中心，交代写作对象，提示行文线索或结构思路等。文章题目是人们阅读文本时获得的第一个信息，从课文题目切入教学，不仅能够激发学生的学习兴趣，而且能调动学生参与学习的积极性。

## （二）从课文质疑切入

质疑是探索知识的开始，抓住疑点引导学生，就能迅速激起学生穷根探源的好奇心，有利于学生对整篇文章的理解。学贵有疑，小疑则小进，大疑则大进。如果是"小疑"，教师可以请同学解答；如果是"大疑"，教师不应急于表态，而应引导学生产生思维的碰撞，寻找解决问

题的方法。质疑是"思想的眼睛，情感的焦点"，容易引发学生的阅读冲动，让学生处于"愤悱"状态。有了这种状态，学生就会产生向外生长的生命活力。

### （三）从课文主旨切入

主旨是理解课文的锁钥，是牵一发而动全身之所在。它可以是"立片言之居要""揭全文之旨"的文眼，也可以是辐射全文的重点词句和语段。教师可以根据课文的文眼切入，同时也可以根据重点词句、语段来切入，以激起学生的学习兴趣。

## 二、 动情点要凸显

动情点是一篇作品中作者的思想感情集中流露的地方，是一篇作品中最能打动读者的地方。谭永焕认为，把握住文章的动情点，有利于学生深入理解文章主旨，从中获取更多的知识。

伯牙绝弦

步骤一：创设情意，导入新课

（略）

步骤二：书读百遍，其义自见

（略）

步骤三：一字未宜忽，语语悟其神

1. 要求学生再次用心诵读全文，找出最让人感动的句子并用精练的语言在旁边写下感受。

2. 要求学生自读自悟，然后汇报读书感受。

3. 师生品读重点句（略）。

4. 伯牙是音乐家，他的琴声所表现的肯定不只是高山，不只是流水，还会有哪些景象？而钟子期又会发出怎样的赞叹呢？请展开想象说一说。

5. 师生品读重点句（略）。

步骤四：高山流水情未了，凭吊古人抒我怀

（略）

（节选自湛江市第十二小学教案选编《伯牙绝弦》，<br>原文有删改，作者：谭永焕）

## （一）深挖教材

每篇课文都有其动情点，这就要求教师要深入研究文本。动情点是由文本传递出来的，教师只有对其进行深入研究，才能更好地掌握文本。深研教材时，不仅要反复研读教材，还应从多方面去了解与文本相关的事物。只有这样，教师才能对文本有一个较好的把握，才能引导学生掌握更多的知识。

## （二）合乎学情

合乎学情主要指教学内容要合乎学情，教学方式要合乎学情。首先，教学内容的选择要符合学生成长的特点，否则即使动情点很突出，也不能成为教学内容。其次，教学方式的选择要符合学生的学习特征和接受能力，否则无法达到很好的教学效果。只有教学内容、教学方式都合乎学情，学生才能准确地理解和解决问题。

## 三、 训练点要扎实

训练点就是指那些与教学目标密切相关的，既有训练价值，又有助于理解教学内容的知识点。在数学学科上是指对学生思维能力等方面的锻炼。

$$0 \times 5 = ?$$

步骤一：复习旧知，引入新课

师：上节课我们学习了"多位数乘一位数的乘法"，在计算多位数乘一位数的乘法时应注意些什么呢？通过刚才的复习了解到，同学们对上节

课的知识掌握得非常好，下面我们来进行口算练习（略）。

师：下面老师再出一道口算题，请同学大胆猜想一下"0×5"等于多少？说说你的想法？同学们的想法是否正确呢？这节课让我们一起来验证一下。

步骤二：尝试体验、自主探索

1. 课件出示思考题，学生自主学习。

2. 结合具体情境，让学生亲身体验。

3. 口算练习，总结规律。

步骤三：利用所求、探究算理

（略）

步骤四：掌握算法、解决问题

（略）

步骤五：总结学习，巩固升华

（略）

（节选自湛江市第十二小学教案选编"0×5＝?"，

原文有删改，作者：詹燕妃）

## （一）训练点需具目的性

要根据教学重点设计课堂训练，并使之具有可操作性。即教学过程应该围绕教学目标而进行。例如，在语文教学中，教学目标之一是培养学生的口语交际能力，那么训练点就要针对这一目标而进行，从而实现教学目标。

## （二）训练点需具针对性

训练点要针对学生的实际情况和教学的实际情况来设定。训练的主要目的是促进学生理解学习内容，获得学习技能，如果训练点不符合学生的学习基础和接受能力，便难以达到目的。

### （三）训练点需具层次性

层次性是指训练点中包含着各种层次的小点，有浅、中、难等层次。训练点的设计可以由浅入深，形成一定的梯度，以符合学生的认知规律。在课堂训练中，教师要照顾不同层次的学生，让不同层次的学生都有锻炼的机会和获得成功体验的机会。

# 第四章　独出心裁：目标总在前方

当今教育界正大力倡导素质教育。为贯彻实施素质教育，实现真正的人的教育，谭永焕提出了独出心裁的教育理念，他认为，在教学中要尊重学生的自由发展，坚持较好的学生立场，并对学生的发展给予"正向"的引导。

## 第一节　独出心裁的含义、特点与意义

创新是一个民族进步的灵魂，是素质教育的着眼点。创新具有独特性与新颖性，它要求教师的教学观念要独出心裁。谭永焕的教学力求创新，常常独出心裁。新课程标准中强调以人为本的教育观念的确立，教师角色观念的确立，教师教育和培养机制观念的确立和教师教育实践活动观的确立。[①] 谭永焕在教学上的独出心裁正是切合了这一要求。

### 一、独出心裁的含义

#### （一）学生立场的含义

尊重学生立场的教学，是指在教学中要以学生为主体，以学生的全面发展为教学目标。其内涵主要体现在：工作目标是促进学生全面发展；价

---

① 丁艳玲. 传统教师教育观需要重新确立［J］. 新乡教育学院学报，2009（4）.

值追求是个人价值和社会价值的和谐统一；工作原则是充分尊重学生的主体地位；工作方法是说服教育、示范教育和提供服务。以生为本，就是要求我们在学校工作中，要以培养高素质创造型人才这个根本任务为出发点和落脚点，要围绕这个关系学生根本利益的问题来展开。① 谭永焕认为，尊重学生立场，简而言之就是教师把学生当作有思想、有感情、有权利、有尊严的人来看待，充分尊重学生的个性、人权等，并把学生的利益，尤其是学生的成长和发展时刻放在心上，努力引导和培养学生，并且服务于学生。

学生是教学过程的主体，其发展必须通过自身才能完成。也就是说，在学生的发展过程中，教师只是促进其发展的助力，学生自身才是原动力。这就要求教师要明确自己的身份，扮演好指导者的角色，坚定学生立场，以促进学生的全面发展。

新课程倡导以学生发展为本，扭转以教师为中心的传统教学观念，要求教师站在学生的立场进行教学，以服务者、促进者的身份进行教学活动，以学生学的方式来决定教师教的方式。

### （二）方法指导的含义

方法指导，是指教师对学生学习方法的指导，即学法指导，即在教学过程中，教师通过最优途径，让学生掌握一定的学习方法，并获得具有选择和运用适当的学习方法进行有效学习的能力。方法指导包括两个方面的内容。一是在具体学习情境中引导学生掌握具体的学习方法，如理解词语的方法、知识概念掌握的方法，属事实认识的范畴。二是引导学生明了各种学习方法的使用范围，使学生在特定的学习情境中，能够选择恰当的方法进行学习，属价值认识的范畴。② 谭永焕认为，学法指导是一种引导学生学习的行为。教师要掌握多种学习方法，并且熟知多种学习方法指导的

---

① 陈优生. 以生为本，"本"义何在？——读邝邦洪《办学理念与治校实践》有感［J］. 肇庆学院学报，2005（1）.

② 庄景会. 浅谈如何引导学生在学习过程中掌握学习方法［J］. 德阳教育学院学报，2004（2）.

程序、途径、技巧和技能等。另外，教师应对学生的个性有深入的了解，以便根据学生的个性特征，给予其恰当的方法指导。

## 二、 独出心裁的特点

### （一）学生立场的特点

**1. 有效性强**

有效教学是教学过程有效性即合规律性的教学，是有一定效果的教学，是有效益的教学，是有效率的教学。[①] 站在学生立场的教学活动，注重学生的参与度。在教学过程中，教师时刻关注学生，对学生的学习需求给予及时的帮助。站在学生立场进行的教学设计，是出于对学生学习需求的考虑而进行的。根据学生的需求与特点而进行的教学，能使学生最大限度地参与到教学中去，让学生乐学，教师乐教。

**2. 包容性强**

基于学生立场的教学，始终坚持以学生的发展为本，注重学生成长的共同点，更关注学生的个性差异与不同层次的收获和提高。我们面对的学生来自不同地域，有着不同文化背景、不同的生活经历、不同的性格个性等，这就要求教师要站在学生的立场进行思考，认同与接纳学生的差异与特点，从学生的角度出发，因材施教。站在学生立场的教学，会使不同层次的学生获得参与和表现的机会，使不同层次的学生都能有所提高。具有包容性地站在学生立场的教学，有利于满足不同学习需求的学生，从而提高教学的实效性。

**3. 师生和谐**

著名教育学者袁振国在《教育新理念》第一章《课堂教学的革命》中对传统教育做过深刻的阐述：传统课堂造就了传统的师生关系。在教学中，教师是主动的支配者，学生是被动者，是服从者。教师、学生、家长

---

① 姚利民. 有效教学研究［D］. 上海：华东师范大学，2004.

以至全社会都有一种潜意识：学生应该听从教师，听话的学生才是好学生；教师应该管住学生，不能管住学生的教师不是好教师。师生之间不能在平等的水平上交流意见，甚至不能在平等的水平上探讨科学知识。① 显而易见，这样传统的教学没有站在学生的立场进行思考。真正站在学生立场组织的教学，教师与学生的关系是和谐而平等的。

### （二）方法指导的特点

1. 学生的主体性

新课标规定："学生是学习的主体，语文课程必须根据学生身心发展和语文学习的特点，爱护学生的好奇心、求知欲，鼓励自主阅读自由表达，充分激发他们的问题意识和进取精神，关注个体差异和不同的学习需求，积极倡导自主、合作、探究的学习方式。"教师应充分注重学生的主体性，扮演好引导者的角色，引导学生进行思考与学习，尽可能把更多的课堂时间留给学生，让学生主动参与整个教学过程。教师应引导学生主动去发现问题、分析问题，并通过解决问题而获得新知。

2. 指导的针对性

教师要注重对学生的学习进行指导，并且要有针对性。首先，教师对学生的指导应该因人而异，对于不同的学生，应用不同的学习方法进行指导。引导学生根据自身的学习情况、接受能力、个性特征等去选择属于自己的学习方法。其次，根据教学内容的不同，指导学生运用不同的学习方式进行学习。例如，对一些浅显的内容，教师应放手让学生进行自主学习；对于难点内容，教师可以组织学生以合作的方式进行学习。

3. 方法的多样性

让学生掌握一定的知识，形成必要的技能，并获得身心的良好发展，是教学的基本任务，其完成效果，主要通过学生的学习效果来反映。因此，谭永焕认为，教师必须加强对学生学习方法的指导，使学生改变以往

---

① 袁振国. 教育新理念［M］. 北京：教育科学出版社，2007.

死记硬背的学习方法，多给学生提供学习和实践的机会，并在实践中提升学生的学习能力。

## 三、 独出心裁的意义

### （一）学生立场的意义

1．让学生个性得到发展

学生的个性发展是指学生在学习上发扬自觉性、积极性、主动性，对学习内容、学习方法、发展方向做出科学判断和准确的选择，从而使自己的潜力得到发挥，能学以致用和有所作为，使自身的思维能力、动手能力、创新能力得到有效发挥的过程。站在学生立场的教学，应关注学生、尊重学生，并且相信学生。在教学过程中，教师应关注每一个学生，并根据学生的个性特征改善教学方法。坚持"一切为了学生，为了学生的一切，为了一切学生"的理念，尽可能让每个学生都能得到最好的发展。

2．营造氛围提升教学

学习氛围，就是学习时的环境气氛和情调。学习环境让人感受到的景象和情调，构成了学习氛围的主要内容。[1] 在注重学生立场的教学中，教师较尊重学生、亲近学生，这便使教师与学生之间形成一种和谐的师生关系。在和谐师生关系的前提下进行的教学，自然而然地就能营造出"教"和"学"的良好氛围，进而产生良好的教学效果。

3．是衡量师德的基线和标尺

学生立场是诠释、界定和衡量师德的基线和标尺，是师德得以存在和发展的基本依据，是师德绽放芬芳的内在特质，也是教师教育观的核心和基础。[2] 在关注学生立场的教学中，教师始终以学生为主，将学生的利益与发展作为自己教学的出发点和落脚点。坚持一切为了学生，始终为学生着想。这样的教学是师德的最好体现，所以说，是否站在学生立场进行教

---

[1] 温轶群．学习氛围对学习能力培养的作用［J］．小学教学参考，2013（21）．
[2] 谌凤山，孙秋芳．如何涵养学生立场［J］．中小学德育，2013（2）．

学是衡量师德的一项标尺和基线。

## （二）方法指导的意义

### 1. 是以生为本的体现

《朱子语类》中有写："某此间讲说时少，践履时多。事事都用你自去理会，自去体察，自去涵养。书用你自去读，道理用你自去究索。某只是做得个引路底人，做得个证明底人，有疑难处，同商量而已。"近现代教育家叶圣陶也反复强调，教学"无非是帮着学生学习的一串过程"，使"学生能自为研索，自求解决"。美国心理学家罗杰斯说："每个教师应当忘记他是一个教师，而应具有一个学习促进者的态度和技巧"，"学生为主体，教师为主导"，正确揭示了师生在教学过程中各自的地位和作用。教师注重对学生进行学法指导，是一种体现"学生为主体，教师为主导"的教学。总之，教师注重对学生进行学法指导，是以生为本教育思想的一种体现。

### 2. 是素质教育的要求

处在科技迅猛发展的时代，我们只有具备获取新知识和新技能的能力，不断更新头脑中的知识结构，才能促进社会的发展。1989 年年底，联合国教科文组织和国家教育发展研究中心联合召开了"面向 21 世纪教育"国际研讨会，从 21 世纪社会变迁的角度探讨了未来教育的变化，会议通过的《学会关心：21 世纪的教育》报告中指出："传统的教育观是建立在教师和教材是知识的联系、学生是被动的接受者这样的一种学习观的基础上的。"并提出"学习越来越应当成为学习者主动和由学习者推动的过程"。教学既要授之以鱼，更要授之以渔。新时代的人不但需要知识，更需要具备获取知识的能力。素质教育要求学生要有自主学习的能力。

### 3. 能促进教学相长

教学是教与学的交往和互动，师生双方应相互交流、相互沟通、相互启发、相互补充，在这个过程中，教师与学生彼此进行情感交流，从而达成共识、共享、共进，实现教学相长。可以说，教师在对学生进行学法指导的同时，也是对自身教法的一种提升与发展。

# 第二节　学生立场是对教育的必要尊重

学生立场，是教师安身立命的从教信仰，是教师操持师德的基本底线，也是师德得以规范和落实的根本前提。[①] 教师的一切教学行为都应以学生的发展为出发点和落脚点。在教书育人的过程中，无论是设计教育蓝图，还是选择教育策略，都要基于这样一种考虑：为学生的成长服务不是单向的简单付出，而是追求一种使师生在双向交流中得以实现素质"增值"的过程，以达至教师与学生的共同成长。[②] 谭永焕认为，在教学中，教师坚定学生立场是必要的，一要以学生为根本，二要关注学生本真。

## 一、 以学生为根本

以学生为根本的教育，其精髓是以生为尊、以生为重、以生为先，强调以"作为教育对象的具体个人的和谐发展为根本"。谭永焕认为，在教学中要尊重学生的个性思维，以学生的发展为先，促进学生的成长与发展。

### （一）具有以生为本的意识

教师应该改变传统教学中"从自己的立场出发，把自己的需求当作儿童的需求，以自己的兴趣代替儿童的兴趣"[③] 的观念。以生为本要从学生的内在需求和实际情况出发，尊重学生的主体地位。具备以生为本的教学理念，是进行以生为本教学的前提和基础。只有心中有生，才能真正进行以生为本的教学活动。

---

① 谌凤山，孙秋芳．如何涵养学生立场［J］．中小学德育，2013（2）.
② 杨小微．当代教师要有坚定的学生立场［J］．教育发展研究，2008（15）.
③ 成尚荣．儿童立场：教育从这儿出发［J］．人民教育，2007（23）.

### （二）以学生的需求为出发点

要实现站在学生立场的教学，教师就应该满足学生成长过程中各种合理的要求，并在此基础上对自己的教学进行设计与创新。教师要摒弃以往灌输式的教学方式，坚持"己所不欲，勿施于人"，应根据学生的学习兴趣进行教学设计。如可根据学生对新事物和有趣的事物感兴趣的特点，创设情境进行情境教学，以吸引学生注意力，达到更好的教学效果。以学生的需求为出发点的教学，是根据学生的学习特点和接受能力而进行的一种教学，是一种站在学生立场的教学方式，这样的教学方式更易于被学生接受，且促进其发展。

### （三）注重学生的主体地位

诚如朱小蔓所言："关怀型的教师不会打着'为你好'的幌子压迫学生，榨取其最大的能量释放，他会耐心地不断以自己的关心为学生补给能量，允许学生以自己独有的生命需要分配时间、筹划学术与职业发展。"①以生为本的教学尊重学生的真实体验与感受，在教学过程中，教师是主持者、引导者，教学是在教师的主持与引导下进行的。这就好比是一场节目，教师作为主持人，引导每一位作为"观众"的学生积极参与，进行自主、合作与探究相结合的学习活动。在这样的课堂中，教师与学生以朋友的关系进行知识的交流与分享。

## 二、 关注学生的本真

关注学生的本真，是指教师在教学中要关注学生的个性特征、认知水平和学习心理。教师的"教"是为了让学生"学"，其主要目的是使学生从"教"的过程中收获"学"的方法。教学设计应该从学生的角度考虑，以使学生"学"得更好。

---

① 朱小蔓. 情感教育论纲［M］. 北京：人民出版社，2007.

假　如

步骤一：故事导入

1. 同学们，你们喜欢看动画片吗？现在让我们一起来观看《神笔马良》。（播放视频）

2. 观看了视频后，你想说什么？有位小朋友想借马良的神笔来实现自己的愿望，这美好的愿望都藏在《假如》这首诗歌里。现在让我们来学习这一课！

（师板书，生齐读课题。）

步骤二：初读课文

（分小组朗读，检查朗读情况。）

步骤三：感悟语言

（课文的学习将围绕下面三个关键句展开，品句方式：阅读—表演—品读。）

1. 同学们，课文用三个小节写了小作者的三个愿望，请大家在课文中找一下，小作者要用画笔给谁画什么？

2. 请同学们自由阅读第一小节，边读边想象寒风中的小树是怎样的？

3. 你能当一次"寒风中的小树"吗？（生表演，师旁白）

4. 当温暖的阳光照在你的身上，你感觉怎么样？（很温暖，很开心，很舒服，很快乐）能把这种感觉（开心）读出来吗？（指名读）还有谁想读？（赛读，齐读）

5. 谁喜欢第二小节？请给大家读一读。

6. 假如你是一只小鸟，鸟妈妈出去找食物了，等了很久还没见妈妈回来，你会想些什么？会说些什么？

7. 谁来演一下哭泣的小鸟？（生表演，师旁白）

8. 小鸟如果再这样饿下去行吗？下面谁来带着喜悦的心情读一读这段？（指名读，赛读）

9. 喜欢这一小节的同学请起立一起读。（齐读）

步骤四：拓展知识

（略）

（节选自湛江市第十二小学教案选编《假如》，

原文有删改，作者：吴文清）

## （一）关注学生的个性特性

教师在教学活动中要努力促进学生全面提升，使学生在身体、智慧、情感、态度、价值观和社会适应性等方面得到和谐发展，同时，要关注学生的个性差异。这就要求教师要尊重、接纳学生的差异，在此基础上开展灵活多样的教学，对不同学生进行区别指导，让不同学生都能得到发展。这也要求教师在教育教学活动中要达到既尊重学生差异又促进学生共同发展和全面发展。[①] 谭永焕认为，教育不能一概而论，必须充分考虑学生的特征，对不同学生提出不同的学习要求，采用不同的教育方法。只有在结合学生个性特征的前提下进行教学，才能真正实现"教"与"学"的目标。

## （二）关注学生的认知水平

认知的发展包括感知觉的发展、注意的发展、记忆的发展、思维的发展和想象的发展。[②] 很多教师心里都有这样的困惑："为什么我花了那么多的心思在备课上，但最后教学结果还是那么不理想？"而且常将之归因为把握不了教学重难点，或是教学经验不足。谭永焕认为，导致这种结果的主要原因是，教师没能很好地掌握学生的认知水平，没能将教学与学生的认知结合起来。因此，教师应根据学生的认知水平备课、上课，以取得良好的教学效果。

## （三）关注学生的学习心理

学习心理状态是一种学生从事学习活动时，心理活动在强度、稳定

---

① 苗锋．应关注学生的个性特征 ［J］．吉林教育（综合版），2013（12）．

② 许政援，沈家鲜，吕静，曹子方．儿童发展心理学 ［M］．长春：吉林教育出版社，2002．

性、持久性方面所表现出来的一些特征。苏联心理学家列维托夫认为："心理状态是心理活动在某一特定时间内的完整结构。"学习心理状态是一个完整的结构，表明学习者在从事学习活动时心理活动在当前一段时间内的特征，如分心、疲劳、镇定、紧张、松弛、克制、欲望和动机斗争等。① 首先，教师在教学设计上要选择学生乐学的学习方式；其次，教师在教学过程中要注意观察学生，在其相应的心理状态下调整教学。做好这两点，才能达到预期的教学效果。

## 第三节　专业引导是教师的基本职责

　　教学方法包括教师的教法和学生的学法两方面。这两方面同等重要，但许多教师却往往只重视对教法的研究，而忽视对学法的研究。开发学生的智力，培养学生的创新能力，提高学生的素质，就必须重视并加强对学生学法的指导。在知识经济时代，科学知识和技术发展的周期大大缩短，知识老化的周期也在缩短，为了适应社会发展的需要，必须培养学生自己去获取知识的能力。② 对学生进行学习方法的指导，是培养学生获取知识能力的基本要求。在学法指导方面，谭永焕提倡让学生大量阅读、自主探究，教学要贴近生活。

### 一、　倡导学生大量阅读

　　书读百遍，其义自见。读书是一种较好的积累知识的办法。在一个人的精神成长历程中，文学与艺术是不可或缺的两个方面。文学与艺术的滋养、熏陶是促使人迈向真善美的必经之路。新教育实验的倡导者朱永新教授认为，"一个人的精神发育史实质上就是一个人的阅读史，而一个民族

---

① 林传鼎. 心理学辞典［M］. 南昌：江西科学技术出版社，1986.
② 马雪. 关于教师对学生学法指导的思考［J］. 教育与职业，2006（26）.

的精神境界，在很大程度上取决于全民族的阅读水平"。著名音乐艺术教育家周荫昌教授则指出："音乐是不需要内化和积淀，不需要诉诸概念的。艺术可以直通人的心灵，使人进入一种心灵与精神的状态，又外化为人的行为。"谭永焕认为，为了生命之真不过早沦陷，为了孩子们灵魂的净化，在素质教育仍未真正落实、学生课业负担越来越重的今天，我们必须重视书香校园建设，关注艺术教育——这才是最符合人的本真的教育。

**（一）以理念为先导**

"道德是做人的根本。"无论应试教育还要存在多久，无论高考、中考、小考的"指挥棒"怎么发挥作用，谭永焕始终倡导全体师生要广泛阅读。他认为"书中自有颜如玉，书中自有黄金屋"。这"颜如玉"就是财富，"黄金屋"就是价值。

**（二）以课堂为渠道**

如何立足课堂，加强课内课外的联系、校内校外的沟通、学科之间的融合，不断提高教学效益，是谭永焕经常思考的课题。他多次给五、六年级学生讲授《伯牙绝弦》《孔明智退司马懿》等课文，以这些课文为契机，引导学生阅读相关课外书籍，并把课外阅读的体验融入课内阅读中来。引导学生利用课堂丰富阅读积累，提升文化积淀，是谭永焕一直在努力做的事情。

**（三）以活动为载体**

谭永焕提倡以活动为载体，激发学生的阅读兴趣。组织学生课前五分钟背诵唐诗，开展寒暑假读书活动，举行讲故事或朗诵比赛，撰写班级日记，开设班级博客，定期举办学生才艺展示活动，开辟青年教师粉笔字训练园地等，这些都是师生拓展阅读的载体。同时，在每年寒暑假之前，学校都会向学生推荐一些优秀阅读书目，保证读书活动的有序开展。

### （四）以评优为动力

奖励是学生最好的外部学习动机。谭永焕每学期都有计划、有组织地开展评选"读书之星""书香班级""书香家庭"等活动。在开学典礼上，学校都会给"读书之星""小作家"等颁奖。奖状无言，激励无声，它们的力量却是强大的。有了这样的奖励，学生的阅读兴趣也越来越浓厚。

### （五）让习惯成自然

一是读书要有选择。要让孩子读纯净的书，读健康的书，读励志的书，读一生受用的书。二是读书要学会思考。读书要有自己的真知灼见，不能人云亦云。三是读书要做笔记。"好记性不如烂笔头。"读书的感受、读书的收获，以及书中的好词好句，都有必要记录下来。如日积月累，日后必会文思泉涌。

## 二、 鼓励学生自主探究

素质教育是当今教育领域改革的主题。若想推进素质教育更好地实施，就要从优化课堂教学着手，培养学生的良好的学习习惯，尤其是自主探究的习惯。用自主探究学习模式进行教学，能够有效地提高教学质量，推进素质教育的实施。

抛硬币

步骤一：谈话引入

（抛硬币，初步体验事件发生的不确定性。）

师：老师这儿有一枚一元硬币，（出示硬币图片）有一元字样的是正面，有一朵菊花的是反面。这节课老师就用这枚硬币和大家做抛硬币的游戏。（板书：抛硬币）

师：我把硬币轻轻向上抛，你们猜一猜落下时哪一面会朝上呢？

生：正面朝上。

生：反面朝上。

师：大家意见不统一，想不想自己亲自试一试？

师：这个游戏由同桌的小朋友们合作完成。（出示抛硬币的表格）一人抛硬币，一人记录。要求是这样的：拿硬币的小朋友抛硬币，抛的时候要将硬币轻轻地抛在书上。拿表格的小朋友记录，要求看清表格，如果你的同桌第一次抛的是正面就在第一次正面的空格里面画"√"，如果你的同桌第二次抛的是反面就在第二次反面的空格里面画"√"。抛完五次，记录完成后，再交换来玩儿。

师：谁来汇报一下记录的结果？（分析这五次抛硬币的结果你发现了什么）

（师板书：可能。）

师：大家说得都很对！硬币落地时可能正面朝上，也可能反面朝上，这就是我们要学习的数学中所说的"不确定现象"。为了奖励大家的新发现，我们来玩个摸球游戏好吗？

步骤二：自主探究

1. 摸球，进一步体验事件发生的不确定性。

2. 转盘游戏，寻找获胜策略。

步骤三：教学小结

师：同学们，这节课，你们玩得开心吗？你有什么新的收获？

师：今天我们通过"玩一玩""猜一猜""说一说"，学会用"一定""可能""不可能"来表达游戏中的各种情况。（出示练习）在我们的生活中，有些事情是一定会发生的，有些事情是不可能发生的，也有些事情可能会发生，你能举例说一说吗？首先同桌讨论一下，等会儿再汇报。（出示填空练习）

师："一定""不可能""可能"，选择用你最喜欢的一个词来说一句完整的话。

师：同学们说得都不错，在实战中成绩又怎样呢？让我们来做一道练习题。（略）

师：生活中像这样确定或不确定的事情有很多，及时地了解，认真地

思考，可以帮助我们在面对这些事时做出正确的判断和选择。

（节选自湛江市第十二小学教案选编《抛硬币》，

原文有删改，作者：刘春凤）

### （一）创设分享探究的平台

网络环境下的自主探究学习是在教师的启发、引导、点拨和帮助下，学生带着一种积极要求了解问题、解决问题的强烈愿望，用探究的方法，自主参与学习，从而达到解决疑问、掌握相应知识与能力的目的，以科学研究的方法探索问题的学习过程。自主性学习是比较适合在网络环境中进行的，网络能解决研究所需的大量资源，能帮助学生建立小组协作，能使教师实现异步指导。[①]

### （二）创设自主学习的条件

教师要给予学生充足的时间和空间，大胆放手，要将感受、领悟、欣赏、批评的权利交给学生，促使他们在发现与讨论中张扬个性、发展能力，从而体验创造的乐趣，养成良好的自主学习习惯。教学应以激发学生兴趣为起点，以创设自主学习空间为载体，以培养学生综合素质为目标，加强对学生自主探究学习能力的培养，让学生学会自主探究、自主体验、自主发现、自我教育，促进学生的素质全面提高，从而为学生将来走向社会和实现终身学习奠定基础。

## 三、 教学重在贴近生活

陶行知认为，教育这一社会现象起源于生活，生活是教育的中心，教育应为社会生活服务。凡是社会生活的中心问题也就是教育的中心问题，而"这个中心问题就是政治经济问题"，教育应责无旁贷地接受解决好这

---

① 仇明珠，焦斌斌. 网络环境下学生自主探究学习能力的培养［J］. 中国教育技术装备，2009（33）.

个问题的使命，"生活教育是教人做工求知管政治。"陶行知强调说，教育应以生活为中心，"没有生活做中心的教育是死的教育，没有生活做中心的学校是死的学校，没有生活做中心的书本是死的书本"。"我们是现代化的人，要过现代化的生活，就要受现代化的教育"。[①] 谭永焕很认同陶行知先生的生活教育理念，他认为教育应该贴近生活，融入生活，在生活中实施教育，在教育中体现生活。

### （一）融生活于教育

将教学与生活联系在一起才能使教学"活"起来，才能让学生有更好的学习状态。教师应该将教育与生活紧密相连，将教学活动置于现实的生活场景中，从而激发学生作为生活主体参与活动的强烈愿望，让他们在生活中学习，在学习中生活。融生活于教育的教学方式，不但能激起学生的学习兴趣，而且能使教师的教学内容更加丰富。

### （二）融教育于生活

教育是以服务于人、实现人的某种价值目标为旨趣的活动。从奠基性的立场来看，它源于生活，无可选择地要以一定的社会历史条件作为自己存在的前提，并以此作为自己的内容。而作为具有巨大能动性的教育，又能够相对独立于影响其存在的一定的社会历史条件，以自己独有的功能充分利用一定生活所提供的物质和精神方面的条件来实现人的发展，在这个过程中实现着自身的改造并影响其存在的一定的社会历史条件，最终也以生活为依归。因此，生活世界理论强调的是不要站在生活之外去"看教育"和形成有关教育的"完整知识"，而是要把生活作为一切教育认识及其活动的根源和终极意义。[②] 教师可以在生活实际中、在与学生交往的过程中，通过生活实例对学生进行学习的指导，这比在课堂上教会学生课本上的知识更有意义。

---

① 徐春霞．陶行知的生活教育思想探微［J］．教育探索，2004（10）.
② 刘旭东．对教育与生活关系的思考［J］．教育研究，2007（8）.

# 第五章 用"心"教育：践行真心教育

用"心"教育中的"心"指的是真心。教育是培养和造就人才的事业，它赋予人以生存、发展和享受的能力。从这个意义上讲，教育本质上是一种人道主义事业。教育应遵循人道主义的要求，凸显学生的主体地位。从操作层面上讲，教育者捧出一颗真心、用真心引领童心，受教育者真心融入学习的全过程，并在真心学习的过程中获得真知——这是教育体现人道主义的必由之路。谭永焕认为，学校应该是一个引领提升师生智慧、涵养人性、培养人格的场所。在学校教育中，精神文化的影响比知识文化的影响要深远得多，"真心教育"正是以努力建设积极向上的学校文化为己任。感人心者莫先乎情。育心育情，并以此为出发点育德启智，全面提升素养，是教育义不容辞的责任。谭永焕的真心教育主要体现在两方面：一是寓"真心"于管理；二是寓"真心"于教学。

## 第一节 真心教育的含义、特点与意义

著名教育家陶行知认为，"真教育是心心相印的活动，唯独从心里发出来的，才能打到心的深处"。待人以真，育人以心，"真心教育"所倡导的教育理念与陶行知的教育主张一脉相承。在教育过程中，只有用生命点燃生命的教师，才能用真心在自己与学生之间搭建起一座稳固的桥梁，赢得学生的信任与亲近，达到教育的最佳境界。学生是教育的主体，教师作为教育工作者，只有把真心献给孩子，才能打开孩子的心扉。当心灵被唤醒时，教育的育人功效就会得到最大化的实现。真心教育与传统教育有着

怎样的不同？传统教育既教知识，也教做人，还教智慧，这是毋庸置疑的，但它忽视了人的主观能动性的发挥。孔子所倡导的"不愤不启，不悱不发"在传统教育中得不到足够的重视。教育者只是把学生当成知识乃至道德的容器，只顾竭尽全力地灌注，却剥夺了容器自身的吸纳的主动权。谭永焕的真心教育主张所有的教育行为都应该从尊重心灵开始，要听从心灵的呼唤，注重对学生主观能动性的挖掘。

## 一、 真心教育的含义

真心教育，指的是在教育实践中应把尊重学生生命本真作为宗旨，拨动真心，传递真情，追求真知，培育真人，让教育真正走进学生的心灵，促进学生的终身发展。"生命本真"的内涵在于生命成长有其自然的规律，学生自有其独自的天性以及各自不同的成长历程，这也就是所谓的"童真"。真心教育就是要把"生命本真"置于学习的起点和核心，以敬畏之心呵护、倾听、期待、引领这份本真。"真心"在《现代汉语词典》里的意思是真实的心意。在真心教育中，"真心"既指学生在学习过程中所表现出来的"真实的心意"，例如他们真实的想法、真实的体验、真实的感受、真实的困惑等，又指教师要"捧出一颗心来"，尊重、理解、包容、倾听、呵护、引领学生在学习过程中所表现出来的一切"真实"。

教育的本义是滋养，是唤醒；是用灵魂唤醒灵魂，用心灵感染心灵；是让学生在爱的阳光雨露的滋润下健康成长。真正的教育的实质是自我教育。教师要做的是从心灵深处唤醒学生的生命意识、自我意识，解放学生内在的生命激情和创造力，让他们自尊自信地拥有幸福而圆满的人生。人本主义心理学家马斯洛主张，学习不能由外铄，只能靠内发。教师不能强制学生去学习，学习活动应由学生自己选择和决定。学生本身就有潜在的能力，教师的任务只是正确地挖掘、发挥和引领。现代教育理论认为，教师和学生是教育活动中的两个基本要素。学生是受教育者，但不完全是被动接受教育，其具有主观能动性，一切教育的影响必须通过学生的主动积极性才能达到预期效果。"潜在能力""主观能动性"是"生命本真"的核

心元素。挖掘、发挥和引领这份珍贵的"主观能动性"和"潜在能力"就是谭永焕所倡导的真心教育的不懈追求。

## 二、 真心教育的特点

### (一) 尊重心灵感受

尊重心灵感受，就是要善待每一个生命在成长的过程中表现出来的真实的思想、情感、态度，以及与其他生命体不同的个性特点等。它关注心灵的体验、心灵的表白和心灵的感觉。在教育实践活动中，学生的心灵、教师的心灵和教科书作者（或编者）的心灵进行着率性的沟通、交流和对话。在对话的过程中，学生是主体，教科书是凭借，教师是桥梁。教师的任务就是倾听每一颗心灵"拔节"发出的声音，在教科书作者（或编者）与学生之间，在学生与学生之间，以及在学生与教师之间架起沟通的桥梁，引领他们进行心灵的对话，从而使学生得到心灵的熏陶和智慧的启迪，促进知识与能力、过程与方法、情感态度与价值观的同构共生、和谐推进。

真心教育致力于对儿童本真和心灵成长规律的探索与研究，它敬畏儿童、尊重儿童、倾听儿童，正如卢梭在《爱弥尔》中所说："……他照料着孩子，他观察他，跟随他，像穆斯林在上弦到来的时候守候月亮上升的时刻那样，他极其留心地守候着他薄弱的智力所显露的第一道光芒。"真心教育要求每一位教师对每一个孩子都要倾注一份这样的"极其留心"的"守候"，"守候"每一位孩子"第一道光芒"的显露，然后引领他们绽放万丈光芒，照亮漫漫人生。启发学生说出自己的真实想法、用心倾听学生稚嫩的声音传递出来的信息、蹲下身子与学生进行平等真诚的对话等，都是真心教育所崇尚的教育方式，其理念内核就是尊重学生的心灵感受。一旦学生的心灵得到呵护与尊重，他们在教育过程中的被动地位便解放了，他们会更加主动积极地参与学习的全过程，学习效果自然会事半功倍。

## （二）倡导自主探究

"纸上得来终觉浅，绝知此事要躬行。"培养学生的自主学习能力和主动探究精神是真心教育的首要任务。它们指的是在学习过程中，教师要放手让学生自主感悟，给予学生充分的时间和空间进行探究式学习，让学生在自主探究中渐渐领悟知识的规律，丰富学习体验，建构与生成情感态度价值观等。陶行知先生提出的"六大解放"（解放儿童的眼睛，解放儿童的头脑，解放儿童的双手，解放儿童的嘴，解放儿童的空间，解放儿童的时间）的观点倡导的就是把学习和做人的主动权还给学生，使他们的自主性、创造力得到尽情的发挥。"学习要有自己的想法，思考问题要有自己的独特见解"，关注学习过程以及习得学习的方法等，都是真心教育对学生的常态要求。谭永焕主张，在各学科的学习过程中，教师要常常引导学生从"最近发展区"出发，先让学生自学教材，并通过小组合作交流自学情况，然后从学情入手进行导学。在这样的学习中，学生的学习潜能和主观能动性都能得到充分的发挥，学生的学习能力和思维品质都能得到最大限度的提升。

## （三）重视同伴合作

同伴合作指的是在真心教育实践中，师与生、生与生都是同伴同行、合作互助、共同进步的关系。双方共同分享彼此的想法，共同探讨、交流分析与解决问题的方式方法，一起品尝学习所带来的愉悦和失落的滋味。正如萧伯纳所言："倘若你有一个苹果，我也有一个苹果，而我们彼此交换这些苹果，那么你和我仍然各有一个苹果。但是，假如你有一种思想，我也有一种思想，而我们彼此交换这些思想，那么，我们每个人将会有两种思想。"当前，在独生子女占主体的学生群体中，对于团队精神的培养至关重要。重视同伴合作，引导儿童在人际交往中学习新知，在合作共进中提升素养，收获必将是"孤军作战""孤芳自赏"所不可比拟的。

真心教育所倡导的同伴合作尤其关注合作者之间的相互倾听。合作学习是否有效，关键在于相互之间所表达的学习信息能否得到实实在在的分

享，"思想"与"思想"能否真正地得到"交换"。唯有落实倾听，合作学习才能实现实效性。同伴合作期间，要求每一个小组成员都不仅要勇于发表个人见解，更重要的是要学会倾听，学会从别人的发言中汲取有价值的东西，并努力内化为自己的知识。

### （四）鼓励自我表达

鼓励自我表达指的是要努力营造有利于学生"我想说""我要写""我想唱""我要画"的良好氛围，引领学生大胆地、有条理而灵活地、深刻而又富有个性地表达自己心中的想法，这里尤其要关注的是他们的思维过程而非思维结果。启迪智慧，滋养心灵是真心教育所追求的美好愿景。所以，教师不仅要努力创设有利于学生自我表达的时空，而且要对学生的表达表现出一定的兴趣，认真地倾听他们"心灵拔节的声音"，让学生对教师产生更强烈的亲近感。"亲其师而信其道"是一条十分重要的教育规律。

谭永焕认为，真心教育的课堂是心灵对话的课堂，是师与生、生与生互动的课堂，是表达独特见解的课堂。独立思考、表达自我、自悟自得，唯有这样，学习才是有价值的活动，才是促进学生终身发展的平台。

### （五）追求真实高效

真实高效指的是在教育实践中要遵循教育规律，扎扎实实，尽量做到在四十多分钟的课堂里，让学生学到更多的知识与方法，让学生的学习习惯得到巩固和验证，让学生的学习情操得到陶冶，让每个学生都得到关爱，让学生的每个方面都得到关注。一句话，真心教育必须把面向全体、全面发展真正落实下去，为学生的可持续发展奠定坚实的基础。

真心教育尊重学生的生命本真，强调一切顺其自然，使儿童心灵成长的潜能发挥到极致，确保教育的实效性得到保障；真心教育倡导自主、合作、探究的学习方式，让学生的知识与能力、过程与方法以及情感态度与价值观获得良好的发展。

### 三、 真心教育的意义

#### （一）促进学生独立人格的形成

林格先生说："说教是小智慧，真心才是大智慧。"我国传统教育重师道尊严，重知识传授，重道德教化，这对于学生的全面发展往往是弊大于利。而谭永焕所主张的真心教育积极倡导顺应自然、敬畏童心。这种遵循儿童成长规律，以追求儿童的自我感悟为本质的育人方式，能够张扬学生的个性，使其形成独立人格，促使儿童在成长过程中自主吸取营养，主动克服成长过程中所遇到的困惑和挫折。

#### （二）促进学生思维品质的提升

思维品质，实质上是人的思维和个性特征。思维品质反映了每个个体智力或思维水平的差异，主要包括深刻性、灵活性、独到性、批判性、敏捷性和系统性等方面。真心教育以发展学生的自主学习能力为核心，使学生的逻辑能力、独立思考能力得到自然的训练与发展，从而激活了思维与能力。由此可见，真心教育是促进学生思维品质提升的重要途径。

#### （三）促进教师教育观念的更新

实施真心教育对于教师来说既是挑战，又是机遇。挑战的是传统的教育观念和陈旧的教学模式；机遇即促使教师与时俱进，紧跟新一轮课程改革的步伐，自觉主动地更新自己的教育理念，改变自己的教学方式和思维方式。真心教育让教师更富爱心与责任感，更重要的是让教师懂得了如何去爱，如何让学生感受爱、享受爱和学会去爱。学习方式的转变既解放了学生的学，又解放了教师的教。这样，教师才能教得更扎实、更朴实、更真实、更富有创造力。

# 第二节 寓 "真心" 于管理

感于心，动于行。在全社会都在大力倡导"以人为本"的今天，学校管理应该如何践行"以人为本"的理念？谭永焕认为，关键在于一个"心"字。他认为，治校治教应大力倡导"真心"管理，让浓浓的人文情怀充盈学校的每一个角落，并让每一位教师都感受到这颗真心和这份真情给学生带来的幸福感。如果仅靠物质刺激，而缺乏情感激励，一所学校的发展是走不了多远的。谭永焕的"真心"管理集中体现在他常说的三句话中，"你在我心中很重要""一花一世界，一叶一菩提""你是幸福的，我就是快乐的"。

## 一、 你在我心中很重要

教师与学生是学校的主体。一切为了师生，一切为了师生的幸福与尊严，让每一名师生都感觉到自己在学校中的地位很重要——这是校长的天职。当师生都感到自己在学校和在别人心目中的重要性时，内心深处便会涌动出一股源源不断的动力，工作、生活和学习便更加有幸福感，对未来更加充满憧憬和希望。

心灵深处

"校长，其实我作为一名普通的老师，并不在乎得到什么荣誉与利益，只是在乎自己的劳动能得到肯定。这么多年来，我承担了许多公开课，每一次从来没有谁在旁边指点，从设计教案到课件制作都是一个人亲力亲为，我任劳任怨，却很难得到领导的表扬……"

当注视着这位老师的目光时，我发现她眼角闪烁着的是一丝丝遗憾和失落，我的内心有些震动。我每天都在忙碌，制订治校方案，规划远景目标，促进质量提高，增强德育实效，创建办学特色等，事无巨细。我还别出心裁地组织小作家培训班、开设教师博客群等，在忙忙碌碌之中忽略的其实就是自己的"上帝"——同样在校园中穿梭与忙碌的教师群体。我一直标榜自己如何以人为本，高呼要关注细节，然而，却在践行中缺失了对每位教师心灵的关注。对于每一位教师的工作状态也许我们都了解得比较清楚，但他们在工作状态下隐含的心灵世界又如何呢？他们的喜怒哀乐，他们的酸甜苦辣，我们是否察觉些许？

多少次巡堂，多少回对外教学交流活动，我都深深地为这位老师对教学的细致、细心与精妙的态度所感染、感动，也曾经想过要好好表扬表扬她，可惜往往因为忙碌和健忘而置之脑后。

学校有一百多位在职教师，还有四十多位退休的老教师，每一颗心就是一个世界，我真正关注到了多少呢？即便关注了，又有多少真正读懂了呢？新的一年，是该找点时间，常跟老师们谈谈、侃侃、说说、聊聊了。

（节选自湛江市第十二小学德育选编《心灵深处》，

原文有删改，作者：谭永焕）

## （一）用尊重交换尊重

马克思说过："我们每个人都是平等的，你只有用爱来交换爱，用信任来交换信任。"要赢得全体师生的尊重，学校管理者要以满怀敬畏的思想尊重每位同事和每名学生，尊重他们的人格，尊重他们的个性，甚至尊重他们偶尔也会犯错的权利。学校领导要努力营造洋溢着相互尊重氛围的校园：张贴凸显爱与尊重的标语、格言、图片等；学校领导和师生见面、教师与学生相遇都要懂得互相问好；学会用赏识的目光去看待同事，看待学生；"今天你看起来真精神！""你有进步了，老师也为你开心！"——校园里应时时充盈这些温馨的话语。无论是老教师、中年教师，还是青年教师，学校要针对每个教师的不同特点给予恰如其分的称赞、肯定，甚至表彰和奖励……校长要在他们充分感受到被尊重的情况下引领他们迈向"纯洁"和"高尚"，引领他们在教书育人的岗位上为国家、为人民奉献自己的智慧与力量。

## （二）以智慧启迪智慧

教书育人是一项崇高的事业。"师者，所以传道授业解惑也"，这是对

教师职业的传统定位。殊不知，这一定位直接导致了"师道尊严"的至高无上，为生者跟在为师者的后面亦步亦趋，所谓的实践能力与创新精神均成为空谈。其实，无论是校长还是教师，都要承担起一项重任——"启迪民智"。校长要以自身的人格魅力和专业魅力启迪教师和学生的智慧，熏陶教师和学生的人格。教师与学生在教与学中遇到困惑时，学校领导要自觉主动地深入教学第一线，与师生一起探讨教育规律，用自己的智慧去激发师生的思维，努力解决教育中的疑难与困惑。每一位教师、每一名学生都是一座智慧的宝库，他们在教与学的实践中都有自己的特长，他们都有自己的"金点子"，校长要善于让他们交流自己的教育或学习智慧，并选取一些"金点子"去推广并运用，让他们品尝成功的喜悦。

### （三）以耐心促进转变

"路遥知马力，日久见人心。"心灵的感化需要付出时间和行动。要感动一个人，要感化一颗心，需要我们付出的不仅是真诚，更是长期的耐心和恒心。每个人对人、对事都有自己的一套哲学，只有长期给予关爱和信任，才会获取对方的真心。这是推行"真心"管理的一个至关重要的准则。

## 二、 一花一世界， 一叶一菩提

苏霍姆林斯基曾感叹道："从我手里经过的学生成千上万，奇怪的是，留给我印象最深的并不是无可挑剔的模范生，而是别具特点、与众不同的孩子。"学困生是一个特殊群体，他们或者是学习有困难，或者是思想意识有待提高。遗憾的是，在现实生活中，并不是所有学困生都能遇上好教师。学困生让教师和家长头疼，有时他们自己也对自己失去了信心。

"一花一世界，一叶一菩提。"其实，学困生与其他学生一样，心里也渴望进步，期待被激励。然而，他们如果得不到足够的关爱与重视，被冷待、被漠视的时间太长，就会失去信心，然后开始破罐子破摔。因此，教师正确认识学困生，善待他们的顽劣，宽容他们的缺点，用心灵呵护他们的每一点进步，点燃他们的生命激情，静听花开的声音，这才是教育的正道。

从"头疼"到"心喜"

我曾遇到两个颇让老师头疼的学生。一个是小宙，在上课期间，他经常有事没事就跑到校园里溜达，一发起脾气来谁也拦不住；还有一个是小肖，动不动就打同学，有一次无缘无故地把一个同学打得嘴都肿了。对于这两个学生近似暴戾的行为，我一直要求班主任千万别因为孩子的"另类"而抛弃他们，而应该蹲下来平视他们，走近那颗童心，从细节入手，从点滴开始，像丁有宽老师那样"挖掘闪光点，扶持起步点，抓住反复点，促进飞跃点"，要持之以恒，让他们取得进步。我常亲切地搂着小宙问他有什么快乐和烦恼，还动员班里的同学多跟他一起玩，不让他觉得孤单。这些真诚的关心，让这个孩子很愿意接近我，一见到我就絮絮叨叨地诉说自己的见闻，还跟我聊起读了哪些课外书。小宙的心灵世界在改变的同时，行为也逐渐变得"规矩"。至于小肖，我觉得一味责备与批评无济于事，于是便跟他谈心，让他讲讲每次打架的心理。从交谈中，我了解到这孩子在班里被彻底孤立了，打架好像是他唯一能引起大家关注的事情。知道这些后，我不再跟他讲过多的道理，而是温和地对他说："这样吧，校长和你一起努力，我会每天都关注你，现在我们来拉个勾，只要你两周内不打架，我就表扬你。你能做到吗?"在以后的日子里，我用眼神，或严肃，或温和，关注着小肖。变化似乎在悄悄发生着，半个学期过去了，他没有再打过一次架，他的心灵也在渐渐"软化"——慢慢懂得了关心他人。毕业的那天，小肖的妈妈专门跑过来对我说谢谢。

（节选自湛江市第十二小学德育选编《从"头疼"到"心喜"》，<br>原文有删改，作者：谭永焕）

### （一）多呵护，以诚相待

高尔基说过，"只有爱孩子的人，他才可以教育孩子"。因此，教师必须呵护学生，真诚地对待学生。首先，要建立和谐的师生关系。对待学困生，教师要主动关心，多与其谈心，要用充满期望的语言和行为去鼓励学

困生。如可以常对学生说"我相信你一定能……""我为你的进步高兴"等。慢慢地他就会感受到老师的关爱，师生之间可以建立起亲密的情感。其次，创设和谐的合作关系。课堂是学生学习的主渠道，教学中要让学困生有成功和发展的机会，使学困生掌握学习的主动权。做到课堂发言时学困生优先，课间谈话时学困生优先，作业面批时学困生优先，课外辅导时学困生优先。这样，可以增强合作关系，提高学困生的学习兴趣；或者每当看到他们有点滴进步时，就立即公开表扬，这些做法对提升学困生的信心和成绩都很有效。打开心窗、沟通心灵，教育才会看到希望。

### （二）给机会，静静等待

在教育学生的过程中，教师要充分考虑学生的思想素质和心理素质，要谅解一些学困生的错误行为，要巧妙运用恰当的策略。当学生犯错时，教师应尽可能地宽容对待，以保护学生的自尊。对不同的学生要采用不同的方法，教师在课堂上要善于转变学困生之前那种不受欢迎或被忽视的地位，鼓励他们大胆举手，大声发言。在组织班级活动时，教师要鼓励学困生克服困难，从实践中认识到成功并非是遥不可及的一件事；尽可能给他们提供获得成功的机会，譬如对学困生要求"低起点，学习进度小步子，教学活动分层次，点滴进步多表扬"，使他们获得成功的体验，克服自卑心，增强自信心。针对学困生学习存在浅尝辄止的心理，教师的要求要宽松一些，对作业的要求不搞"一刀切"，对考试的得分不斤斤计较，使学困生多获得一些成功的体验，以激发他们的上进心，从根本上消除其对学习的恐惧感和焦虑感。

### （三）重方法，增强兴趣

对于学困生的学习，教师要着重培养其学习兴趣，营造宽松、活泼的教学氛围，逐步排除他们的焦虑和畏难心理。教师要善于运用生动有趣的语言和手势，喜闻乐见的教学手段，带有趣味性的故事、寓言和游戏，以及现代化的教学设备，设计新、奇、趣的小实验，使学困生爱听、要听、想做，满足他们好玩、好动、好奇的心理，激发他们的求知欲，逐步拓宽他们的学习视野，把他们从厌学的困境中解脱出来。"得法者事半功倍，不得法者事倍功半"，教师要教给学困生学习方法，增强他们自主学习的能力。通过严格的训练，使学困生形成良好的学习习惯，如在课堂上集中注意力听讲，认真做笔记，课后及时复习等。

### （四）多联系，促进发展

一般情况下，家长是学生接触最多、最亲近的人，他们对孩子的影响是不言而喻的。学校要和家长密切联系，及时进行交流反馈，及时发现问题，对学生的学习状态和各方面发展做到心中有数，从而对症下药。家长与学校要统一认识，形成合力，共同教育学生。

## 三、 你是幸福的， 我就是快乐的

"真心"管理还有一项极其重要的职责就是，引导教师摆脱职业倦怠，向他们的心灵深处注入幸福的源头活水，做好教育人生的目标规划，并努力践行于教育实践。我们改变不了世界，但能改变我们自己。

### （一）仁者无忧——打造有爱心的团队

教育是一项培养学生崇高道德的事业。教师的第一素养应当是"仁"，即具有仁爱、爱人的思想。教师的职业道德就是爱学生，教师的职业幸福感源于心中有爱。教师要把学生当成活生生的人，尊重和善待每一名学生，尤其要厚爱、偏爱顽劣的孩子。在学校管理中，要让爱心遍布师生心灵的每个角落，不加雕饰、发自肺腑地撒播爱心，唯有这样才是真爱。比尔·盖茨在 2007 年哈佛大学毕业典礼上给哈佛学生的寄语是这样的："我希望，30 年后你们还会再回到哈佛，想起你们用自己的天赋和能力所做出的一切。我希望，在那个时候，你们用来评价自己的标准，不仅仅是你们的专业成就，也包括你们为改变这个世界深刻的不平等所做出的努力，以及你们如何善待那些远隔千山万水、与你们毫无干系的人们，你们与他们唯一的共同点就是同为人类。"胸怀世界、关爱世人，这是何等伟大的

博爱精神！大凡教育工作者当效仿盖茨，唯其如此教育才能担当起把人文关爱的精神带入二十一世纪并传承至后世的重任。一旦走进纯真世界，教师体味到了来自工作的无限乐趣，在不断提升人生境界时，职业倦怠感也会自然而然地消失。

### （二）智者不惑——培养有智慧的队伍

仁者乐山，智者乐水。乐水者要善于如水般集大智慧于一身。对于教师来讲，教育观、人才观、学生观、质量观等是价值性、方向性问题，应当认真思考并秉持。如何设计一节课，如何辅导学困生，如何指导学生阅读写作等，都是教育实践的细节问题，都应遵循教育的内在规律去不断探索。要立足于课堂，探索教育规律，学校可通过举办专业素养讲座，开展课堂教学竞赛或观摩活动等，引导广大教师自觉更新教学理念，提升教育智慧。谭永焕在指导一位青年教师执教经典童话《卖火柴的小女孩》时，就试图通过这一课例引领语文教师懂得如何引导学生自主品读语言文字，如何开展小组合作学习等，培养学生的自主学习能力，发展他们的思维品质。一个人、一件事、一本书、一句话，其实人生就是由无数个这样的"一"组成的，而每一个"一"都充满着人生的智慧。教育者的教育智慧都应该体现在这每一个"一"里面，而这样的"一"必将永久地嵌入学生的记忆深处。教师想要提升教育智慧，就要善于读书写作。"只读教材、教参的教师永远成不了好教师。"教师要提升教育智慧，要充实专业储备，就必须博览群书，同时有所专攻。教师应当养成勤于笔耕的习惯，写教育反思，写教育故事，写学术论文。魏书生老师在三年时间里写了50万字的教育反思，这是颇值得教者学习和借鉴的。读书和写作，触摸的是文字，流淌的是情怀，留下的是教育求索的足迹。教育人生，自然其乐融融，又何来职业倦怠呢？

### （三）勇者不惧——训练有勇气的教师

著名学者于丹在解读《论语》时讲道："真正的勇敢是一种心灵的力量，勇敢是一种从容，勇敢是一种坦荡，勇敢是一种生命的大境界。"当前教育改革正步入深水区，要着力从以下几方面培养有勇气的教师群体：鼓励教师勇于提出自己的独到见解，对教育问题保持自己的独立思考；激励教师勇于创新，努力建构有利于培养实践能力与创新精神的教育教学模式；勉励教师勇于否定自己，不断实现新的超越；号召教师勇于承担社会责任，把振兴教育和复兴中华民族视为己任。一个果敢而勇于创新的教师，其心灵世界必定充盈着工作的动力与活力，怎么会有倦怠呢？

### （四）乐者无愁——培育有乐观精神的教师

"知之者不如好之者，好之者不如乐之者。"有职业倦怠的教师要学会缓解自己的压力，每天合理安排工作、学习、生活、休息的时间；要常怀感恩之心，感恩于每天与最纯真的心灵在一起，感恩所从事的是崇高的职业；要学会心理暗示，如"我很好""我很棒""我的未来会更好""我精神百倍""我活力四射"，每天进入学校后都要主动选择快乐的心情，把烦恼全部抛到一边。

## 第三节　寓 "真心" 于课堂

真心教育的主阵地在课堂。在"真心"课堂上，教师要把尊重学生的生命本真放在首位，关注学生的生命需求、心灵感受和学习体验，引领学生真诚、真实、真心真意地融入学习的全过程。"真心"课堂要努力追求的是，教师与学生都能彻底地融入教学之中，教师只是教学的组织者、点拨者、引导者和评价者，学生才是教学的主体。在教师的引导下，学生不仅要做到动心、动情，主观能动性得到最大限度的发挥，更重要的是，在这种积极情绪的推动下，学生学到了扎扎实实的知识和技能，思维品质不断提升，人生观、价值观以及审美情趣、心理素质、兴趣习惯等齐头并进。谭永焕所致力探索的真心课堂始终紧扣一个"真"字：课前自学真实感悟，温故激趣真情涌动，交流汇报真心融入，点拨讲解真诚相助，巩固拓展丰厚真知。

## 一、 课前自学　真实感悟

每个学生都具有学习的潜能，教师的职责就是发掘学生的潜能。课前自学是学生发挥独立学习潜能、培养自主学习能力的一个重要途径。通过自学，学生可以独立搜集教材所传递的知识信息，可以运用已有知识解决新的问题，还可以发现教材的重难点以及自己的学习困惑。学生对教材的真实感悟就是学情，这是教学的起点或切入点。"先学后教""以学定教"，教学要真正实现自主、高效，就必须重视课前自学这一必不可少的环节。

比例的基本性质

步骤一：课前自学

1. 自学教材内容。

2. 你弄懂了哪些知识？

3. 你还有哪些新发现？

步骤二：复习回顾

1. 什么是比例？

2. 两个比相等是指什么相等？

3. 试举一个比例。（请说明比值）

4. 下面哪组中的两个比可以组成比例？（略）

步骤三：交流汇报

通过自学教材内容，你弄懂了什么知识？你还有什么新发现？请以"复习回顾"中的题目为例子进行说明。

步骤四：点拨讲解

（略）

步骤五：巩固拓展

（略）

（节选自湛江市第十二小学教案选编《比例的基本性质》，原文有删改）

## （一）导学案导学

学生开展自学时，在初始阶段往往需要教师给予适当的指导。在学生还不知道如何自学的时候，采取导学案的方式引导学生自学是高效课堂常用的方式。导学案是一种指导学生自主学习、合作探究、促进学生自我发展、自我提高的学习方案。它的主要内容在充分体现课标要求的基础上，汇集了知识梳理、能力训练、思维拓展、巩固练习等，它是课堂教学过程中学生知识学习和能力提升的有效载体，具有导读、导思、导做的功能；它是激发学生学习兴趣，指导学生自主学习、主动学习、合作探究的路线图。导学案的设计要以学生为本，要从有利于学生主动获取知识、提升能力方面考虑。同时，在设计导学案时教师要考虑不同学习程度的学生接受知识与思考问题的水平而对其进行灵活的设计。同时，不同课型导学案的侧重点也应有所不同。

课前，学生利用导学案进行自学，对所学的知识包括重点、难点，都有初步的感知和理解，还可以运用自己已有的知识积极思考解决问题的策略。无论是否能够无师自通，但独立思考后，学生对新知识的理解自然会更加真实。如果再通过师生交流、生生交流，将会促进学生学习能力得到飞跃。

## （二）自学提纲导学

自学提纲导学比导学案导学稍微简洁一些。它既有帮扶的作用，又可以让学生拥有更广阔的自我学习的空间。自学提纲所呈现的往往是学习的重难点，提纲挈领地引导学生抓住教材的关键部分开展自学，这样更加有利于一课一得，一法一用。在设计自学提纲时，教师不妨把一些带有普遍性的学习要求做出大致统一的要求，例如对于语文、数学等一些带有共性的学习问题可对学生提出统一的自学要求，而不必每节课都要在自学提纲中标明。同时，也可以提出一些带有规律性的要求，让学生在每次课前自学时都明确该做什么以及怎么做，这样会更加省时，更加高效。

### （三）学生自导自学

最能体现学生自主学习能力的还是课前自导自学。所谓自导自学即学生能够根据教材和新知识的要求，独立设计导学案或自学提纲，提出要重点思考的问题或带有批判性的问题，然后发挥自身的主观能动性或通过与同伴合作探究而解决自学中所遇到的问题。这是学生具备了独立学习品质的表现，也是多数学生不容易达到的状态。在这个阶段，教师不妨在引导学生用好导学案和自学提纲的基础上，给学生做一些必要而适当的铺垫，提供一些自主设计导学案或自学提纲的模式供学生参考，例如可列出"学习目标""学习重难点""我的发现""我的疑问"等项目，让学生根据这些项目自行设计导学内容，久而久之，学生便可以慢慢领悟自导自学的规律，并可以独立自主地展开学习活动。

## 二、 温故激趣　真情涌动

万事开头难。让课堂一开始便妙趣横生，让学生真情涌动是"真心"课堂的追求。在各科教材中，单元与单元之间，课题与课题之间都有着密切的联系，尤其值得关注的是小学教材，它的编写越来越富有童真童趣，越来越有利于启迪童智。在新课导入的环节，教师要有针对性地指导学生运用旧知学习新知。在讲授新课时，教师可以依照教材本身的内在逻辑，设计出既能联系旧知，又能激发学生学习兴趣的导入方式，让课堂成为真情涌动、兴趣盎然的课堂。

美丽的海螺（一年级美术课）

步骤一：课前观察

请搜集自己喜欢的海螺，并认真观察它们的形状、颜色、花纹等。

步骤二：导入新课

1. 同学们，你们喜欢画画和唱歌吗？下面请欣赏《小螺号》，一边听一边看，会唱的同学可以大声唱出来。（播放歌曲《小螺号》）

2. 你看到了什么？你在什么地方看过海螺？

3. 谁能展示自己带来的海螺，并给大家介绍一下，你可以从外形与花纹方面来介绍。

4. 欣赏绚丽多彩的海螺世界。

步骤三：尝试画海螺

（略）

步骤四：教师示范

（略）

步骤五：学生再次画海螺

（略）

步骤六：评讲学生作品

（略）

步骤七：课外延伸

（略）

（节选自湛江市第十二小学教案选编《美丽的海螺》，原文有删改）

### （一）联旧引新　诱发情趣

一般的新知识都是由旧知识发展而来的。联旧引新是课堂教学常用的导课方式。导入新课时，如果教师能根据教学内容设计出联系旧知识，提示新内容，承上启下的导入环节，就能诱发学生的学习兴趣，促使他们全身心投入课堂学习中去。这样不仅让学生巩固了旧知识，而且大大激发了他们对新知识的探究欲望，让他们运用已有知识分析和解决新问题，帮助他们在温故的基础上掌握新知识、获得新能力。

### （二）灵活导入　激发真情

导入新课的方法有很多。"真心"课堂导入时重情境营造，重真情激发，重设疑激疑，那些能让学生情动而辞发的导入法都可以灵活运用。其中较为常见的有以下几种：一是情境导入法，教师要以教材为依托，通过音乐、绘画、游戏、猜谜语等方式创设情境，启迪学生展开丰富的想象与联想，激发他们探索新知的欲望，将他们带入特定的学习环境，满怀兴致

地投入新的学习活动中。二是激疑导入法，教师可以通过让学生在课前自学产生学习困惑，然后在新课中勇于质疑；或者可以结合教材的标题、教学的重难点等设计悬疑，让学生带着问题走进课堂，让学生在解决问题的过程中探究新知，开启思维。三是情感导入法，引用名言佳句，或进行生动的语言描述，只要声音铿锵有力，抑扬顿挫，并融入教师的真情，就可能感染学生，引导学生踏上学习之旅，遨游于知识的海洋。

## 三、 交流汇报　真心融入

在谭永焕的"真心"课堂上，检验学生自主学习的成效高与低，最重要的环节是课堂上的交流、互动与汇报。课前自学仅仅是学生的自我行动，而交流汇报环节则是学生与学生之间、学生与教师之间思维与思维的真实碰撞，思想与思想的真诚交流。

旅游费用

（北师大版小学数学五年级上册）

步骤一：谈话导入

师：同学们，你们喜欢旅游吗？去旅游之前会考虑哪些事情呢？

生：去哪里，花多少钱。

师：经济状况的确是我们旅游时要考虑的一个重要因素。如果有所准备，精打细算的话，往往可以省好多钱。今天我们就来研究旅游费用，也就是如何依靠自己的聪明才智，运用学过的知识规划旅游费用。（师板书：旅游费用）

步骤二：探究新知

1. 自学教材内容，完成导学案。

（1）你能解读长城旅行社的两种优惠方案吗？

（2）你怎样判断哪种方案最省钱？

2. 检查自学情况，解读两种优惠方案。

（出示：A 和 B 两种买门票的方案。）

师：这是长城旅行社推出的 A、B 两种优惠方案，请大家看一下。谁来解读一下这两种方案的含义？

生：……

师：也就是说，A方案是分大人、小孩两类按个人来进行购票的。大人票的价格高一点，每位160元，小孩的票价低一点，每位40元。

师：B方案呢？

生：是团体票。

师：团体票分大人和小孩吗？

生：不分。

师：仅按什么标准来买票？

生：人数。

师：多少人以上（含几人）才可以买团体票？

生：5人以上。

师：团体5人以上（包含5人）每位100元，这是什么意思？

生：只有够5人才能有资格买团体票，不管大人还是孩子，每位都是100元。

师：团体票每位100元，对于个人票中大人每位160元来说怎么样？对于个人票中小孩票来说怎么样？

生：团体票每位100元，对于个人票中大人票来说便宜了60元，对于个人票中小孩票来说每位贵了60元。

师：如果有大人也有小孩，那我们怎样购票才比较划算呢？

3. 出示例题，探讨优惠策略。

[出示：（1）如果去4个大人，1个孩子，选哪种方案比较省钱？]

（小组讨论：两种方案只能选择其中一种，哪种方案比较省钱？）

生：……

师：实践是检验真理的唯一标准，下面请你们分别算一算如果有4个大人和1个小孩，这两种方案各需要多少元钱？并把你的计算过程填入表格内。

（学生列式计算，得出结果，填表。）

师：计算结果得出，选择B方案的确比较划算。如果我把这道题的条

件改成这样……

[出示：(2) 如果去 2 个大人，4 个孩子，还是选 B 方案省钱吗?]

师：请你们再像刚才那样分别算出两种方案各需要多少钱，并填在表格里。

(学生计算，教师巡视，指名板演。)

(出示表格，略。)

师：我们发现有时候选 A 方案省钱，有时候选 B 方案省钱。请你们仔细观察表格中的各种数据，说说你的猜想，到底在什么情况下选 A 方案较省钱? 在什么情况下选 B 方案较省钱?

(小组讨论，教师巡视，指名回答。)

生：大人多，小孩少，选择 B 方案比较省钱；小孩多，大人少，选择 A 方案比较省钱。

师：你们的猜想是当大人多，小孩少的时候选择 B 方案较省钱，当小孩多，大人少的时候选择 A 方案较省钱。那我们继续来求证大家的猜想。这位同学，你来举个大人多，小孩少的数据。

生：……

师：下面我们分组合作完成验证过程……

生：……

师：大家检视一下求证过程，刚才的猜想成立吗?

生：……

师：谁来总结这个规律?

师：下面请你们快速地判断出如果是以下这些人去景区一日游，应该选择哪种方案比较省钱。

(出示试一试：6 个大人、3 个小孩，哪种方案较省钱?)

生：……

师：用计算来验证你的选择。

生：……

师：还有谁有其他想法?

生：如果有 10 个大人，10 个小孩，怎样最省钱? 我觉得 A 不是最省钱的方案，B 也不是最省钱的方案，还有更省钱的方法。

师：真有想法，那你们小组讨论一下，这种情况下怎样最省钱，这是需要考虑的重点。

生：……

师：现实生活中，很多时候并不是二选一，只要能找到最省钱的策略就是最好的，我们可以考虑这种组合形式。

师：刚才，通过同学们的努力，找到了最佳方案。在现实生活中，许多问题需要我们运用数学头脑，采用优化和统筹等方法，用最少的钱办同样的事，用我们的聪明才智更好地解决问题。

步骤三：巩固练习

（略）

步骤四：课堂小结

师：在考虑怎样买票省钱时，不仅要考虑大人多还是小孩多，还要考虑总人数，更要考虑特殊情况。希望同学们在今后的生活中多动脑筋，多发现，一定要具体情况具体分析，努力做一个精明的消费者。

（节选自湛江市第十二小学教案选编《旅游费用》，原文有删改）

### （一）交流要真正互动起来

同伴合作交流是 "真心" 课堂的主要特征之一。这里的 "交流" 主要关注：其一，每一个发言的学生都要把自己的真实想法说出来。在课前自学中的所悟、所想、所得，有条理地向学习伙伴表达出来。所表达的不仅仅是思维的结果，更重要的是思维的过程。其二，学习同伴不仅要学会表达自己的想法，还要学会倾听。在倾听中了解别人思考问题、探索新知的方式，还要通过比较、综合和分析，了解别人与自己的异同，并从中汲取有价值的信息，进一步完善自己的思考和结论。其三，要善于指出和纠正学习同伴的不足之处，争取共同进步。同伴合作不仅可以提高学生的知识、方法与能力，更可以培育同伴互助、团结协作的团队精神。

### （二）汇报要从心灵出发

"真心"课堂是真心、真情涌动的课堂，是真实、朴实的课堂。同伴合作交流之后，是学习小组汇报展示的时间。这里的汇报不仅代表个人的思考，还凝结着小组的智慧。发言的同学要学会有条理、独特地表述思考的结果以及学习的方法和过程。这里的汇报应该是充满思辨、富有深度的，最重要的是洋溢着童真、童稚与童心的。

谭永焕说，对于如何引导学生学会总结和梳理别人的观点和意见，并通过独特而富有个人魅力的表达方式进行演讲，并不是一蹴而就的，这需要教师耐心地倾听、细心地呵护、精心地指导，从低年级开始循序渐进地向高年级推进，这也是由形象思维向逻辑思维发展的一个极其重要的阶段。

## 四、 点拨讲解　真情相助

在"真心"课堂上，教师并非是可有可无的角色，而要努力做一个诚心诚意的真心的倾听者，要成为能够随机应变的引导者，能与学生平等相待的学习合作者。教师要以智者和心灵导师的身份给予学生恰如其分、恰到好处的点拨与指导。争取通过有效的点拨和讲解，让学生有所领悟并掌握知识。

品味经典，感悟安徒生童话的魅力

步骤一：出示自学要求

1. 自由读课文 5 至 10 自然段，边读边画出描写小女孩每次擦燃火柴看到的美丽幻象的语句。

2. 对写得特别精妙的词句多读几遍，并用简练的语言写下读书的感受。

3. 小组讨论交流。

步骤二：品读精彩课文

1. 指导品读"第一次幻象"。

（1）学生汇报交流。

（2）指导学生感悟。

（3）指导激情朗读。

2. 自主品读"第二次、第五次幻象"

（1）出示关键语句。

（2）讲述背景故事。

（3）感悟现实与幻象的鲜明对比。

步骤三：学习写作童话

1. 指点虚实结合、富于想象的写作方法。（配乐）

2. 随机点评习作。

（节选自湛江市第十二小学教案选编《品味经典，<br>感悟安徒生童话的魅力》，原文有删改，作者：谭永焕）

## （一）于重点处点拨讲解

自主高效的课堂不是"眉毛胡子一把抓"的课堂，其成败的关键就在于教师能否引导学生掌握重点、突破难点。学生抓住教材重点开展自主学习活动时，就是教师相机进行点拨指导的时机。此时，教师要引导学生在其独立思考的基础上朝着纵深迈进，促使学生深入理解新知识。教师对教材的重点进行点拨指导时，要注意抓关键、抓本质，引导学生在独立思考的基础上进行对学习方法的归纳，不断提升自主学习能力。

## （二）于困惑处点拨讲解

困惑处即学习的难点或学生不容易理解的地方。对于学生的困惑，教师要尽力换位思考，查找学生困惑的原因，与他们商讨解决问题的对策。教师对于学生的困惑要真诚相助，切忌越俎代庖。须知，对于学习上的困惑，当学生还处于没有努力去思考解决的办法，或者还没到很想表达自己的想法却无法表达出来的程度时，教师尽量不要点拨，否则会适得其反。同时，无论是在重点处还是困惑处，教师都要善于引导学生由表及里、由此及彼地进行深入思考，找到问题的症结。这样的点拨才称得上"点金术"，才能促进学生思维品质的提升。

### （三）于引进处点拨讲解

追求自主高效的"真心"课堂，是连接生活与社会的大课堂，而在生活中，学习资源无处不在，也无时不有。生活中处处有语文，处处有数学，处处有艺术，无论哪一门学科的教学，其学习资源都是极其丰富的。这就需要教师做一个把课外资源引进课堂的"有心人"。语文课要把课外读物引进课堂，把作者与作者所处的社会背景"请"进课堂；数学课要把生活中的数学引进课堂，把数学世界里的人文典故"请"进课堂；艺术以及其他学科也有独有的课程资源……除了学生自我探究的资源以外，都需要教师有目的、有计划、有选择地在课堂与生活之间搭起桥梁，建立起联系的纽带，引领学生在广阔的知识殿堂里遨游，尽情享受大课堂带来的丰硕成果。

## 五、 巩固拓展 丰厚真知

"真心"课堂是扎扎实实的课堂。巩固拓展是"真心"课堂教学模式的最终环节，是学生学习成果及技能运用和展示的环节，也是学生不断深化和提升综合素养的环节，同时，也是检验教学是否扎实高效的重要环节。巩固拓展既要立足于学科特质，切实落实好学科知识与学科能力，又要关注"过程与方法""情感态度价值观"等目标的实现。

怀念母亲

步骤一：读文眼，窥文题

1. 从课题中，你知道作者季美林先生对两位母亲的感情是怎样的吗？（很怀念，怀有深情，怀着同样崇高的敬意和真挚的爱。）

2. 让我们满怀深情地再读一遍课题吧。

步骤二：授以渔，导自学

1. 季美林先生对母亲的怀念之情究竟有多真？究竟有多浓？对此，我们如何才能获得深切的体会呢？谁来说说自己都有哪些好的读书方法？

2. 出示阅读方法及自学要求。抓关键词句，悟作者深情：捕捉—品味—美读。

3. 出示自学提纲。

(1) 默读或轻声朗读全文，边读边画出具体表达作者深情或令你感动的关键词句，并选择一两处做出批注（用简练的语言写下读书感受）。

(2) 选择最让自己感动的句子或段落用心地读一读。

4. 小组交流自读感受。

步骤三：品与诵，悟文情

1. 按照自学要求，让学生自由发言、各抒己见，重点引导学生品读"终天之恨""频来入梦"和"糊在心头"几段及运用联系上下文的方法导学相关的关键句段。

2. 相机补充相关材料。

（略）

步骤四：顾首尾，学谋篇

1. 回顾课文的开头和结尾，想一想这样写有什么作用。（首尾呼应，浑然一体）

2. 感悟季羡林先生的文风和人品。

步骤五：赏诗歌，熏我心

1. 欣赏古诗《静夜思》。

2. 欣赏配乐诗朗诵《乡愁》。

3. 齐唱歌曲《我的中国心》。

（节选自湛江市第十二小学教案选编《怀念母亲》，

原文有删改，作者：谭永焕）

## （一）训练延伸，巩固"知识与能力"

教师在教学过程中应学会设计有层次和有针对性的发展性练习，采用富有趣味的、竞争性的练习形式来巩固新知，并在掌握新知的基础上实现知识的迁移和应用，并使之转化为能力。设计的练习要注意基础性、现实性、趣味性、针对性、层次性和科学性。练习过程中，教师要加强点拨和提升，并适当设计相关的深层次内容，进行拓展应用，培养学生的应用意识。

### （二）课内外结合，拓展"过程与方法"

教学中，要把课内与课外结合起来，运用课内学到的方法解决课外遇到的问题，这是巩固拓展常用的一种方式。任何学科都应该结合新知进行学习，并融入与之关联的知识，把学习的触角引向课外，融入生活，从而实现方法的迁移，切实提高学习效率。

### （三）提升高度，丰厚"情感态度价值观"

方向决定高度。课堂教学不能仅仅局限于对知识的学习，更重要的是追求思想的深度和高度。知识转化为文化并内化成思想，才能真正成为人的基本素养。所以，各学科教学都可以因地制宜，引领学生通过拓展延伸开阔视野，从而陶冶情操，让学生在思想方法等方面朝着更高的境界努力。

本篇通过丰富多彩的课堂教学片段，向我们展示了"真心教育"的课堂实施策略，即减负教学、开放教学、体验教学，具体从内容、价值、实施三个方面阐述各个教学策略，展现了教育教学的全新视角。

下 篇　教育策略

# 第六章　减负教学
## ——减轻负担，提高实效

　　"减负"在我国教育界早已成为一个常谈的话题，教育部和各级各类学校为"减负"做了大量工作，但收效甚微，学生依旧承受着沉重的课业负担。长期以来，沉重的课业负担严重损害了学生的身心健康，同时，因为学生课业负担过重而引发的校园安全事故屡屡发生。中小学生课业负担过重的现状不容乐观，"减负教学"成为当务之急。

## 第一节　减负教学的内涵

　　作为一名教育工作者，我们该如何认识"减负教学"？"减负教学"在教育改革中又有什么现实意义？这是需要思考的重要问题。从社会发展的角度看，要想全面推进素质教育，"减负教学"势在必行。"减负"的根本目的是减轻学生负担，提高学生的素质，培养学生的创新意识。这就要求"减负教学"要努力做到科学合理，做好教学的加减法，既要减轻课业负担，又要提高教学质量，做到减量不减质。

### 一、　减负教学的理论依据

　　从新中国建立初期到现在，"减负"问题就一直受到党和国家领导人的高度重视。新中国成立伊始，毛泽东主席就指出"健康第一，学习第二。"1951年，周恩来总理提出"要减轻学生的课程负担，特别是减轻物

理、化学和数学的课程负担。"1991 年，国家教委提出"中小学要减轻学生过重的学业负担，实施素质教育，各学校要按照国家规定的教学计划排课，减少作业量，增强学生课外活动的时间"等一系列要求。1994 年，国家教委再次下发《关于全面贯彻教育方针，减轻中小学生过重课业负担的意见》的文件，提出"要改革教学内容、教学方法。教材要体现素质教育特点，应面向大多数学生，贯彻少而精的原则。要调动学生的学习积极性，因材施教，分类指导，提高课堂教学效率。"1999 年，《面向 21 世纪教育振兴行动计划》开始启动，其中提出"到 2010 年，在全面实现'两基'目标的基础上，城市和经济发达地区有步骤地普及高中阶段教育的目标。"2000 年，江泽民同志在《关于教育问题的谈话》中明确提出："教育是一个系统工程，要不断提高教育质量和教育水平，不仅要加强对学生的文化知识教育，而且要加强对学生的思想政治教育、品德教育、纪律教育。"2007 年，胡锦涛同志在党的十七大报告中指出："要减轻中小学生课业负担，提高学生综合素质，加快普及高中教育。""减轻中小学生课业负担"第一次被明确写入党的工作报告中。2010 年公布的《国家中长期教育改革和发展规划纲要（2010－2020 年)》指出，将通过"建立学生课业负担监测和公告制度等方式，为中小学生'减负'保驾护航。"

新中国成立以来，国家不断下发有关"减负"的通知和要求，这体现了党和国家对"减负"问题的重视。但从目前的实施情况来看，"减负"政策并没有落实到位，"减负教学"收效甚微。为了从根本上减轻学生的课业负担和心理负担，我们必须把"减负"的政策落到实处，认真实施"减负教学"，创设良好的教学环境，真正实施素质教育，让学生的身心都获得良好发展。

## 二、 减负教学的含义

"减负教学"，实质上是减轻学生在学习过程中由于不合理因素所导致的过重的学业负担和心理负担。"减负教学"的目的是让学生从"题海"中走出来，更多地参与社会实践，增强社会认知能力。作为教师，我们要

"减负不减责，减负不减质"，教学要及时"换汤"，还要防止"换汤不换药"，不必将学生困在教室里，进行填鸭式的知识灌输，而要引导和帮助学生学会如何发现问题、分析问题和解决问题。

### (一)"减负"的含义

"减负"即减轻学生负担，多指减轻中小学生过重的课业负担。学生不能没有负担，负担太轻，教育质量可能没有保障，负担太重，学生可能难以承受。过重的负担，一是指生理上的负担，如学习时间过长，作业量过大，休息时间不足；二是指心理上的负担，主要指由于学习和升学竞争压力大、考试过于频繁等造成的心理负担。"减负"的目的是减轻学生过重的课业负担，减去超出学生承受能力的不合理部分，推进素质教育的实施，以促进学生德、智、体、美、劳全面发展和身心健康发展。"减负"的同时还要增效，教师要引导学生改变旧的学习方式，掌握高效的学习方法，形成创造性的思维方式，进而提高教学质量。

### (二)"减负教学"的含义

"减负教学"是指把"减负"落实到教学的各个环节，提高教师的专业能力，改进教学方法，把时间和空间还给学生，让其自由发展和创造，增强教学效果，让学生生动活泼地学习，健康快乐地成长。"减负教学"最终目的是实现学生的全面发展，这是一个复杂的系统工程。"减负教学"的对象不仅包括学生，还包括教师，即教师的"教"和学生的"学"二者紧密联系，相互影响。

在"应试教育"的背景下，"题海战术"成为学生巩固知识的主要方式，学生因此变成考试的机器，对学习丧失了兴趣，导致素质教育最终难以落实。如何提高教学效率，培养学生的创新意识，让教师教得轻松，学生学得轻松，真正落实"减负"，是每一位教育工作者面临的重要课题。

### 三、 减负教学的特点

要推行素质教育，适应新课程改革，把"减负教学"落到实处，就要调整教学结构，优化教学设计，提高教学效率，注重教学目标的多样性和层次性、教学过程的开放性和多样性、课后作业的层次性和量力性、评价方式的开放性和多元性。

### （一）教学目标的多样性和层次性

教学的一切活动都是为了实现教学目标。教学目标为教师的"教"与学生的"学"提供了方向，是教学活动所要达到的标准。教师在备课时，应根据学生的差异制订多样性和具有层次性的教学目标，尽量让不同层次的学生都学好，避免好学生"吃不饱"，学困生"吃不了"。同时，要遵循教学目标的多样性，实现"知识与技能""过程与方法""情感态度与价值观"三维目标的协调统一。

### （二）教学过程的开放性和多样性

开放的教学过程应尽可能把学习的主动权交给学生，充分发挥学生的主体作用，充分调动学生的积极性和主动性，鼓励学生在课堂上主动思考、交流、讨论、质疑、解疑，把提问的权利交给学生，把思考的时间还给学生，把表达的机会让给学生，把自主探究的机会交给学生。

### （三）课后作业的层次性和量力性

教师给学生布置的课后作业要有针对性，从学生的知识水平、思维特征出发，了解学生的学习情况。根据学生的学习状况布置作业，激发学生的学习动力，调动学生的学习积极性。习题的设计要体现层次性，体现因材施教，要尽可能适应不同层次学生的发展需求，还要体现量力性，量力性主要体现在数量和难度上，即课后作业的数量要适当，难度要适中。

### （四）评价方式的开放性和多元性

开放性的教学评价强调评价主体的多元性，评价主体主要包括学生、教师和家长等。对学生的评价要体现开放性与个性化，要依据学生的个性与特点进行个性化评价。开放和多元的评价体系有助于改善传统的、封闭式评价体系的不足和缺陷，一方面能促使学生积极地参与教学评价，另一方面能够建立起更加有利于学生学习和发展的评价机制。

## 第二节　减负教学的价值

近年来，中小学生书本多、作业多、考试多、补习多、竞赛多，睡眠时间少、文体活动少、道德教育少、技能培养课程少、社会实践少。在这种教育背景下，学生不仅被剥夺了自身的兴趣爱好，身心发展也受到了严重的阻碍。

### 一、 减负教学的必要性

#### （一）我国中小学生课业负担的现状

1. 学校：作业量偏大问题突出

这是中小学生课业负担过重的主要原因。当前，中小学生的作业包括课堂作业和课外作业，后者主要指家庭作业、各类辅导班的作业等与学生学习有关的学习任务。调查显示，学生完成课外作业耗时较长，较大的作业量剥夺了学生用于发展兴趣爱好和锻炼身体的时间。据了解，能按时完成作业的大多是学习能力突出的学生，其他学生大多不能在规定时间内完成，因此不得不采取延长作业时间、缩短睡眠时间、请家长或家教老师辅导等方法。一些家长反映，陪孩子做作业已经是常事，个别家庭条件优越的学生甚至花钱请人代做作业。

2. 家庭：家长给孩子增负

"不能让孩子输在起跑线上"是中国家长的普遍心理，这是直接导致学生课业负担过重的另一个主要原因。家长"望子成龙""望女成凤"心切，给孩子请家教已经是普遍现象，家长布置的附加作业给孩子增加了额外的负担。另外，有些家长还为孩子报了各类辅导班，这类辅导班主要帮助学生完成教师布置的课堂和课外作业。大多数学生不喜欢参加辅导班和培训班，因为这占用了他们大量的课外时间，无法放松身心，兴趣爱好也得不到发展。

### （二）中小学生课业负担过重的危害

中小学生课业负担过重的现状令人惊讶和担忧。在传统的教育体制下，教育改革往往"事倍功半"，素质教育推进乏力，无不令人担忧：一方面，妨碍中小学生身心健康和全面发展；另一方面，"泛化效应"危害明显。即因课业负担过重引发的与小学教育有直接或间接关系的，其他的边缘化、宽泛化的问题。[1]

1. 身体素质不断下降

医学研究表明，青少年如果长期睡眠不足，会导致脑功能下降，出现心理障碍、情绪急躁等问题。据了解，不少中小学生有偏头痛、失眠、神经衰弱等症。《2005 年贵州省学生体质健康调研报告》显示，学生体能素质全面下降，而且多数指标下降明显，肺活量指标继续呈现大幅度下降趋势，贫血检出率呈上升趋势，城市肥胖学生逐年递增，视力不良检出率仍然居高不下，胸围指标处于停滞状态。这种现象在全国具有普遍性，究其原因，不外乎学习压力大、作业量大、作息时间少、身体锻炼少等。中小学生整天忙于做作业，缺乏必要的体育锻炼和社会实践，精神高度紧张，身体素质下降是必然的。[2]

---

① 卞勇 . 小学生课业负担过重调查与对策研究——以山东省微山县部分小学为例［D］. 山东师范大学，2012.

② 卞勇 . 小学生课业负担过重调查与对策研究——以山东省微山县部分小学为例［D］. 山东师范大学，2012.

## 2. 心理问题逐渐增多

在中小学生群体中，厌学心理、逆反心理、急躁心理和自卑心理等心理亚健康状态普遍存在，一些学生在沉重的心理负担下，思想消沉、悲观厌世，由此引发了一系列恶性事件。由课业负担引发的心理问题不容忽视。

## 3. 品德培养受到挑战

中小学生思想道德品质的培养出现了一些问题，对学生的世界观、人生观和价值观的塑造也产生了极大影响。据了解，许多学校虽然开设了思想品德课，但都被其他学科教师占用，思想品德课形同虚设。然而，小学生的自主判断能力较低，辨别是非、善恶的能力还不强，教师理应将更多的时间和精力放在对孩子思想品德的培养上，同时，家长在孩子的德育方面也有所欠缺，常常只关注孩子的考试和分数，忽略了学生思想品德的培养和良好个性的塑造。

## 4. 创新精神普遍缺失

进入 21 世纪，科技迅猛发展，知识迅速更新，人才的培养也需要与时俱进。中小学生是否具备创新精神和创新能力，决定着其能否成为创新型人才。在传统教育体制指导下，学校缺乏创新的氛围，教育理念僵化，教师照本宣科，学生被动地听，且习惯于死记硬背。教师只关注"教"，不管学生如何"学"；学生只关注"听"和"记"，不会思考，大脑处于相对封闭状态。这样的教学形式，必然会抑制学生学习的积极性、主动性，也会阻碍学生创新意识、创新精神的发展。

## 5. 素质教育推进乏力

素质教育的实施效果有待验证。家长一方面抱怨孩子学业负担过重，另一方面又忙不迭地送孩子参加各种课外辅导班，考取各级证书。大部分教育者和家长对素质教育的理解是，素质教育只体现在"兴趣"与"活动"中，而不是正规的课堂上。

谭永焕认为，中小学生课业负担过重已是不争的事实，多年来的"减负"工作并没有取得理想的效果，学生课业负担过重问题愈演愈烈。我们需要认真总结"减负"工作的经验教训，并分析原因，然后采取切实有效

的措施，有效减轻中小学生沉重的课业负担。

## 二、 减负教学的重要性

中小学生肩负着振兴祖国未来的重任，中小学阶段是学生掌握基础知识，构建系统化知识体系，建立正确的世界观、价值观和人生观的重要阶段。然而，过重的课业负担不利于学生身心的和谐发展，只有为学生"减负"，进行"减负教学"，才能让学生在健康快乐的环境中成长。

### （一）有利于学生的终身发展及素质教育的实施

中小学阶段是个人发展的重要时期，有效地帮助学生"减负"，能够使学生在中小学阶段变得更加充实，让学生有更多的发展空间，同时，有利于学生更好地完善自我，发展兴趣爱好，获得更多的成功体验。"减负教学"在中小学阶段的有效实施，能推动素质教育的良性发展和有效实施，能有效促进学生德智体美劳等各方面的发展，有助于发挥学生的主观能动性，培养学生的综合能力，为个体的终身发展提供有力的保障。

### （二）有利于激发学生的学习兴趣

卢梭说过："问题不在于教他各种学问，而在于培养他有爱好学问的兴趣，而且在这种兴趣充分增长起来的时候，教他以研究学问的方法。"兴趣是学习的内驱力，是内心求知欲的一种外化。有效实施"减负教学"，使学生从被动接受知识的困境中解放出来，形成教与学的良性循环，激发学生的学习兴趣。有了兴趣，学生就会主动、自觉地学习。素质教育注重激发学生的学习兴趣，要求教师将丰富的教学内容与新颖的教学方式结合起来，使教学内容趣味盎然、教学方式生动活泼，让学生在学习过程中体验探究知识的乐趣。

### （三）有利于学生的身心健康发展

课业负担过重，不仅会减少学生的学习兴趣，降低学习积极性，也不

利于小学生身心的健康发展。在沉重的课业负担下，学生的身心健康必然
会受到严重的损害。有效实施"减负教学"，能促使学生走出教室，走向
校园，积极参加课外活动，参加社会实践。这样不仅能强健体魄，增强学
生的社会实践能力，还能够减轻学生的心理负担，缓解学生的心理压力。
在良好的身心状态下，学生才能更好地投入学习，增强学习的积极性，同
时，能有效提高学生学习与记忆的效率，减少紧张学习后的消极情绪体
验，使学生更好地承受学习压力，培养良好的个性，保持健康的心理
状态。

### （四）有利于建立良好的人际关系

在长期的教学过程中我们发现，在沉重的课业负担和心理负担下，很
多学生为了在各科考试中脱颖而出，在激烈的竞争中得以生存，会将自己
封闭在狭小的个人空间里，很少与同学交流与沟通，由此导致同学间的关
系比较紧张，与老师有较深的隔阂。这种只关注自身发展，不关注他人与
集体的学生，缺乏集体意识与合作精神，面临着被社会淘汰的危险。有效
实施"减负教学"，可以促使学生挣脱沉重的课业负担和思想负担，把更
多的精力转向身边的同学，加强与同学、老师的互动与交流，积极主动地
开展学习活动，从而相互学习、相互帮扶、相互促进。

## 第三节　减负教学的实施

中小学生课业负担过重是一个不容忽视的现象，谭永焕认为，为了更
好地推动素质教育的实施，切实减轻中小学生的课业负担，必须从国家、
学校、教师、家庭等层面入手，切实推进"减负教学"的落实。

### 一、　国家层面

解决"减负"这个问题，从根本上说需要改革国家劳动人事制度和学

校招生考试制度，建立现代终身教育教学体系。

## （一）让课程改革带动"减负"

"减负教学"实质上是课程改革。针对义务教育阶段学生课业负担"只增不减""越减越重"的现状，应对课程标准和课程设置重新梳理和研究，使课程标准和课程设置协调一致。各个年级的教材与课程标准协调一致，同一个年级同一学科的教学内容要与教材协调一致。还应整合课程资源，降低必修课的难度和课程数量，开设校本课程，倡导课程多样化，为学生提供多样化的学习渠道；增加课程内容，增设有利于学生发展的选修课和活动课；增强学科的梯度和层次性，做到因材施教，增强学生学习的自主性。

## （二）以法律形式推动减负

法律是减负的重要保障。国家应尽早出台法律法规，将"减轻中小学生课业负担"列入法律条款，规定义务教育阶段学生的在校时间、课程安排、作业量、娱乐时间、社会实践时间、教育评价方式等；严禁学校在节假日补课，保证学生的睡眠时间、身体锻炼和自主活动时间；规定学校每月至少利用 1 天时间组织学生开展社会实践等；建立"家长学校"，推广家教课程，对家长普及正确的教育观念，形成学校、家庭的教育合力；严格治理教辅市场，国家有关部门要加大对教辅资料出版和辅导班的管理力度；严禁公办中小学参与或变相参与举办面向在校学生的各种辅导班。①

## （三）解决"择校"问题推动减负

无序"择校"是加重学生课业负担的重要原因。要严格执行《中华人民共和国义务教育法》，对义务教育阶段学生落实免试就近入学制度，取消"奥数"等入学附加条件，积极促进义务教育学校均衡发展，采取学区制、名校带弱校等措施，切实推进义务教育的均衡发展；减少升学择校竞

---

① 郭振有．"减负"应从深层原因入手［N］．湖南中学物理，2009（5）．

争，大力推行义务教育九年一贯制，或一校一贯，或异校一贯；积极推进中考招生改革，在科学评估的基础上，将重点高中的部分招生指标分配到各初中学校，这样做将有效促进初中教育均衡发展，也有助于推动"减负教学"的实施。

### （四）用教育教学改革推动减负

学校应重视教育改革，在改革过程中坚持认知因素和非认知因素的统一，智能培养与创造性人格塑造的统一，以及一次性教育与终身教育的统一。教师要转变教学观念，为促进学生的发展而教；转变教学内容，利用教材而教；转变教学方法，进行"启发式"教学；转变教学资源，并充分利用教学资源。教师要倡导启发式教学，因材施教，激发学生的学习兴趣，引导学生学会学习；严格控制各学段的作业量，鼓励学校开展各种教改实验，由此推进"减负教学"。

## 二、 学校层面

当前，我国中小学生课业负担过重主要集中在三个方面：一是教学"超标"，即超出课程标准的基本要求，学生接受起来较困难；二是"超时"，即延长学生的学习时间，加课、补课，不按时放学，双休日照常上课、补课，上校外补习班等；三是"超量"，即课程多、资料多、作业多、考试多。学生的课业负担过重与学校实施应试教育有密切关系。因此，要实行"减负教学"，必须从学校层面入手。

作业导航　快乐成长——减负增效

步骤一：调查了解铺垫"作业导航"

在学校的"有效课堂""有效作业""有效辅导"思想的引领下，学校各个教研组展开了作业调查。先是老师自查，对各班作业量、作业内容、作业方式，作业是否有成效等做了详尽的调查。接着是学生和家长问卷，就作业的方式、作业完成时间等做了详尽的统计，并征询各方面意见。最后，学校对各项调查结果归类并进行分析。

步骤二：集体智慧凝就"作业导航"

在调查研究的基础上，各学科备课组就本学科本年段的教学目标进行再次细化学习，在保证达成教学目标的前提下，以"有效"为中心，增加集体备课次数，提高集体备课质量，对教学进度进行统一规划，对教学内容进行统一设计，对作业方式、作业内容、作业量、作业完成时间进行统一规范。例如语文课，"一周作业导航"除了当天作业，还有长线作业；在作业的形式上，笔头作业尽量在学校完成，除了书面阅读，还有查找资料，甚至动手做一做等实践形式，作业可以独立完成，也可以小组合作探究。数学课，"一周作业导航"分学习内容、学习目标、学习重点和难点分析、拓展练习等板块，为学生的一周学习提供平台。英语课，由 Follow me（跟我学）、Talk show（对话秀）和 extension（拓展练习）等板块组成，规定学生一周应该掌握的单词、词组和句型，可以作为学生预习和复习的参考。

步骤三：多元评价丰富"作业导航"

一周作业因为在作业形式上和作业内容上有了改变，由传统的单一由教师评价变为学生个人评价、小组他人评价、家长评价、老师评价。评价的结果不再仅仅是单纯的"优、良、中"，更多的是"星级评价"；关注的不仅是结果，更重要的是过程；给予学生的不仅是"指出不足"，而是鼓励为主，更好地"向优看齐"。"一周作业导航"，开始时只是在全校各个年级的试点班进行，进行一段时间以后，再次对各班作业进行调研，发现学生的作业负担轻了，学习兴趣也浓厚了，于是，开始在全校的各个学科推广"一周作业导航"。"一周作业导航"发布在学校网站，每周都会更新，让所有的学生、家长和老师都有学习和教学的参考，并且可以点评，及时反馈自己的意见。

（节选自"常州教育网"）

## （一）减少各科考试次数，把学习时间还给学生

要减轻学生沉重的课业负担和心理负担，就要杜绝频繁的学科考试，取消班级、年级排名，这样才能真正帮助学生挣脱应试教育的牢笼。减少

学科考试的次数，把学习时间还给学生，真正坚持和落实"以生为本"的教育理念，努力实现"一切为了学生发展"的教育目标，尊重学生的主体性。把时间还给学生，即不占用学生在校休息时间、确保假期不补课，让学生有调整和恢复身心的时间，运动健身的时间和充足的睡眠时间。

### （二）保证音体美以及校本课程的课时，注重学生的全面发展

《中华人民共和国教育法》规定："教育必须为社会主义现代化建设服务，必须与生产劳动相结合，培养德、智、体等方面全面发展的社会主义事业的建设者和接班人。"中小学阶段是培养学生综合能力的重要阶段，中小学阶段开展音体美学科以及校本课程，能为学生提供培养兴趣爱好的平台，帮助学生提高自身的综合能力，有利于学生缓解沉重的课业负担，寻找合适的解压方法和途径，真正实现"减负"，从而切实推动素质教育的发展。

### （三）开展相关的社会实践活动，为学生打开了解社会的窗口

江泽民同志在《关于教育问题的谈话》中指出："不能整天把青少年禁锢在书本上和屋子里，要让他们参加一些社会实践，打开他们的视野，增长他们的社会经验。"比如，通过组织学生参观工厂、到社区场所做义工等方式，让学生走出校园，踏入社会，了解更多的社会知识，打开视野，在社会环境中锻炼社会实践能力，促进个体全面和谐发展，由此推动"减负教学"的实施。

### （四）关注教师的专业化发展，提升教师的专业水平

教师的专业化水平对学生的学习能力有直接的影响，只有切实推进教师的专业化发展，才能保证学生学习能力和综合能力均衡发展。可以通过定期组织教师学习有关教育学、心理学方面的理论知识和班级管理知识，鼓励教师参与教育科研，提高教师的理论高度和专业水准；通过定期安排教师外出参观考察，进行学术交流和研讨等，开拓教育视野并拓宽学术领域；通过鼓励教师积极参加赛课、教师基本功竞赛等比赛，切实提高教师

的综合技能。只有教师的专业化发展得以有效推进，才能为"减负教学"提供有力的保障。

### （五）定期开展心理辅导课程，缓解学生心理压力

心理学家指出，12—18 岁的人群处于青春期，这一时期是自我同一性和角色混乱的冲突时期，此阶段青少年的主要任务是建立一个新的同一感或自己在别人眼中的形象，以及他在社会集体中所占的情感位置。这一时期的危机是角色混乱。中小学阶段，很多学生在沉重的课业负担下，会产生严重的心理问题，如果得不到及时的疏导和治疗，就会造成严重的后果。学校应根据学生的心理发展特点，有针对性地开设心理课程，帮助学生培养良好的心理素质和健全的人格，增强学生的心理调适能力。学校可以组织丰富多彩的文化娱乐活动，开展多种形式的教育活动，如班会、心理专栏、心理讲座、公益活动等，使学生克服心理障碍，消除已有的心理问题，培养健康的心理素质。

## 三、 教师层面

从教育活动的开始到结束，教师始终扮演着"组织者"的角色。教师在教学活动中，要整合各种教育因素、教育手段和教育资源，并引导和组织学生参与和开展教育活动，以保证教育任务的有效完成和教育目标的实现。在"减负教学"的实施过程中，教师扮演着重要的角色。

### （一）教师要树立正确的教育观

每位教师都应该树立正确的教育观，尊重学生的人格和个体差异性，同时，关注学生在教学过程中的主体性地位，确立学生的主体意识。教师应转变妨碍学生创新精神和创新能力发展的教育观念，特别是教师单向灌输知识，以考试分数作为衡量教育成果的唯一标准，以及过于呆板和封闭的教育模式。现代化教学不在于向学生灌输多少知识，更重要的是让学生学会不断更新知识和技能，学会发现、分析和解决问题。学生都具有"可

塑性"，教师要充分认识到学生的潜在能力，要看到学生存在的多种发展可能性，要创造各种条件，为学生的发展提供平台，让学生的潜能都能够得到有效发挥，而不是实行"题海战术"和"应试教育"。此外，教师要承认每个学生的个体差异，充分尊重个体在认知水平和思维能力方面存在的差异。

### （二）教师要不断钻研教材

教材是教学的范例，同时也是促进学生增长知识和技能的载体。在一般的教学体系中，教师应该是知识的象征，不应只是知识的"代言人"，不能简单、机械地"教教材"，对教材形成"工具依赖"。课堂应该是教师展现教学智慧和体现教学思想的平台。因此，教师在教学中应是"用教材教"，而不是简单的"教教材"。教师要不断钻研教材，拥有自己独特的教学智慧，保持对教材的批判性审视和理解，不能让教材代替自己对学科知识的理性思考，要做一个鲜活的思考者和课堂的主导者。

### （三）教师要构建开放的教学模式

在"减负教学"的过程中，突破传统教学模式的禁锢，实现教学过程的全方位开放显得尤为重要。开放的教学模式，首先体现在课前的"开放"。教师可以事先给学生布置和安排预习内容，让学生进行自学，遇到不懂的问题可以查阅相关的资料，通过社会调查和实践等方式来完成；其次是体现在课中的"开放"，教师尽可能把学习的主动权交给学生，充分发挥学生的主体作用，充分调动学生参与的积极性和主动性，鼓励学生主动思考、交流、质疑、解疑；最后体现在课后的"开放"，应鼓励学生把在课堂上还没解决的问题转向课外，让学生在实际的生活情境中解决问题，培养学生发现问题、解决问题的能力。

### （四）教师要关注与学生的互动

课堂是一个师生互动的平台，应建立积极有效的、多维的师生互动模式，让课堂气氛活跃起来，进一步调动学生的学习积极性和主动性。教学

过程是一个教师与学生之间进行互动，角色间相互影响、共同发展，并发挥各自作用的过程。"互动"就意味着师生间互相尊重、平等交流、互相倾听，彼此形成一个"互动学习共同体"。师生之间进行认知、情感、精神等方面的互动和交流，双方都能够很好地获得情感的愉悦、生命的感悟和精神的升华。教师与学生之间需要形成多维互动，构建教学的交互环境，设法驱动学生强烈的求知欲，将外在的教学任务转换为对学生内在意义的构建和思维能力的培养。

## 四、 家庭层面

现代教育科学研究表明，家庭教育与学校教育二者方向是否一致，决定着教育的成败。如果二者同步发展，则能有效提高教学质量；如果方向相异，将会严重削弱和抵消教育力量。因此，"减负"需要学校和家长双向拉动，才能取得预期的效果。

### （一）创造宽松的家庭氛围

家长要为学生创设一个宽松的学习环境，切不可把自己的意愿强加到孩子身上。如今，很多家庭都是独生子女，家长对孩子期望很高，并把全部希望都寄托在孩子身上，期盼孩子将来能大有作为。因此，家长不惜财力、物力、人力，精心培养孩子，虽然学校减负了，家长却仍然不断给孩子"增负"，无形中给孩子增加了负担，"减负教学"得不到有效实施。事实上，在"减负教学"的实施过程中，家长应与孩子沟通交流，了解孩子的心理状况并及时给予疏导，培养孩子多方面的兴趣爱好，引导孩子多观察、多思考、多想象、多实践，促使孩子身心得到全面和谐的发展。

### （二）适当降低对孩子的期望

在家庭教育中，家长对孩子适度的期望，有利于调动孩子的学习积极性，增强孩子的成就感。反之，如果家长只从短期利益出发，把自己的意愿强加给孩子，不考虑孩子的实际情况，其结果只能给孩子带来沉重的心理负担。家长应适当降低对孩子的期望，从孩子的天赋、兴趣爱好、年龄特征、认知能力及社会需要等实际出发，帮助孩子制订切实可行的学习目标和人生目标，达到减负增效的效果。

## （三）全面拓展教育范围

"学什么"和"怎么学"比"学多少"更重要。家长应拓宽教育面，教会孩子更多生活技能和人生准则，把更多的精力用于教会孩子如何做人、做事。很多家长可能会担心减负后孩子"吃不饱"，不能很好地应对将来的高考。事实上，如今的高等学校逐渐平民化，招生方式多元化，出国留学也变得越来越寻常，越来越多的家庭也有能力负担。孩子日后的选择很多，家长应该把眼光放长远一些，不能只为了"应试教育"这盘棋，对孩子灌输太多书本知识，使他们产生厌学情绪，承担过重的课业负担。

## （四）与学校形成双向交流

家长应该与学校进行双向交流，多了解孩子的学习情况，了解孩子承担的课业情况，如负担到底有多重，过重负担的危害以及如何正确实施家庭教育等，为孩子创造一个轻松愉快、健康积极的成长环境，正确引导孩子利用好休息和娱乐时间，促使孩子得到全面发展；在课余时间，也要对孩子进行思想引导、心理疏导、生活指导等，为孩子营造健康、宽松、和谐的家庭氛围。

合适的教育才是最好的教育，培养一个健康、快乐的孩子，远比培养一个"优秀卓越"的孩子重要。唯有这样，教育才能真正实现"减负"，做到减负轻量，提高实效；唯有这样才能使孩子挣脱作业的束缚，还孩子一个快乐幸福的学习生活。

# 第七章　开放教学
## ——包容开放，创新思维

　　学生是学习的主体，教师是学习活动的组织者和引导者。教学应激发学生的学习兴趣，培养学生自主学习的意识和习惯，引导学生掌握学习方法，为学生创设有利于自主、合作、探究学习的环境。在新课程改革的背景下，如何有效融入生本理念，开放教学，使教学充满生命力，成为众多教师努力摸索的一条路。谭永焕在长期的教育实践中，一直以学生发展为中心，以丰富多彩的学习内容、形式和方法，帮助学生建立知识与生活的联系，培养学生的创新精神和实践能力，形成了独具特色的"开放教学"，真正做到了"一切为了学生，高度重视学生，全面依靠学生"。

## 第一节　开放教学的内涵

### 一、　开放教学的内涵

　　开放教学，一般是指开放课堂教学过程，包括教学理念、教学目标、教学环境、教学内容和教学评价等方面的开放。对于开放教学的详细界定，不同学者有着不同的见解。

　　《开放教学》一书的作者李伟胜将其界定为"以师生共同营造开放的学科世界（指学校场景中的学科世界，不同于学科专家所面对的专业世界）为途径、以学生获得主动发展为目的的教学活动形态。"这主要从两个方面来理解：第一，在内容方面（横向维度），学科世界既向学生之外的广阔世界开放，也向学生内在的精神世界开放；第二，在质量方面（纵向维度），学科世界既向学生和社会生活中的原始经验、事物的初始状态开放，也向学科领域中更具概括性、更高层次、更高质量的知识结构开放。①

也有学者认为，开放教学是一种有别于传统教学的动态的教学活动，是以学生的自学为中心，教师的学习支持服务为辅导，现代教育技术为媒体的个性化认知过程。其核心是完成教师和学生在教学活动中角色的转变：教师从知识的传输者变为指导者，学生从知识的被动接受者变为知识的主动建构者。②

谭永焕认为，开放教学是以学生发展为中心，以教学内容和教学组织形式开放为突破口，创设开放的教学环境，为学生的思考和创新提供最大空间的一种教学活动。从广义上理解，可以将其看成是大课堂学习，即学习不仅可以在课堂上进行，也可以在课外进行。从狭义上理解，可以说是学校课堂教学。就教学题材而言，它不仅来自教材，也可以来自学生与生活；就教学方法而言，尽可能运用"探索式""研究式"等方法，引导学生主动探索、获取知识；就师生关系而言，它要求教师应作为一名引导者，而学生则作为知识的主动建构者。总之，教师应具有开放的教学理念，摆脱封闭的教学，让教育充满活力。

开放教学吸收了现代教学理论成果，主要是科恩（R. C. Cohn）的人本主义教学理论模型和斯皮罗（Spiro）的建构主义的教学模式。人本主义的教学理论模型，是科恩于 1969 年创建的以题目为中心的"课堂讨论模型"和"开放课堂模型"；建构主义的教学模式，是斯皮罗于 1992 年创建的"随机通达教学"和"情景性教学"。他们的理论均强调学习是学习者主动建构的内部心理表征过程，教师的角色是思想的"催化剂"与"助产师"。③

谭永焕认为，教学最重要的是促进学生发展，即在解决问题的过程中

① 李伟胜 . 开放教学 ［M］. 福州：福建教育出版社，2005.
② 刘志彬 . 数学开放教学设计优化策略 ［J］. 中国教育技术装备，2010（9）.
③ 徐晓放，夏春德 . 论开放式教学模式的基本框架 ［J］. 继续教育研究，2011（11）.

给予学生充分的自由，使每个学生都有参与和表达的机会，根据自身的能力、兴趣、爱好等开发潜能，培养创新意识和实践能力，最终达到"发展"的目的。因此，教师不应把主要精力局限于所教的内容上，而应注意学习者的心态变化。教师与学生在课堂上共同享受教学过程，共同创造情感体验。

## 二、 开放教学的理论基础

开放教学源于科恩创建的以题目为中心的"课堂讨论模型"和"开放课堂模型"与斯皮罗创建的"随机通达教学"和"情景性教学"。元认知理论作为学生在开展主动学习过程中的一种协调认知活动的理论，也是开放教学中必不可少的环节之一。①

### （一）人本主义教学理论

20 世纪五六十年代，人本主义心理学在美国掀起了一股思潮，代表人物是马斯洛和罗杰斯。人本主义心理学的学习与教学观深刻地影响了世界范围内的教育改革，它是 20 世纪与程序教学运动、学科结构运动齐名的三大教学运动之一。人本主义学习理论突出情感在教学活动中的地位和作用，形成了一种以知情协调活动为主线、以情感作为教学活动的基本动力的新的教学模式。它把教学活动的重心由教师引向学生，把学生的思想、情感、体验和行为看作教学的主体，从而促进了个别化教学运动的发展，为开放教学中主张"以学生为中心"提供了理论基础。

### （二）建构主义教学理论

建构主义教学理论基于建构主义学习理论。后者历经皮亚杰、布鲁纳、维果茨基、维特罗克等人的早期建构主义思想的不断发展，同时伴随着对认

---

① 黄洪旭，陈楠．开放教学的相关理论及教学方法［J］．湖南工业职业技术学院学报，2011（3）．

知心理学的批判，于 20 世纪 90 年代在心理学领域中出现的一股强大"洪流"。建构主义学习理论认为，学习的过程是学习者主动建构知识的过程。因此，学习活动不是一个单纯由教师向学生传递知识，学生被动接受信息的过程，而是学生凭借原有的知识和经验，主动生成意义的过程。学生对知识的理解并不存在唯一标准，而是依据自己的经验背景对其进行自主建构。

### （三）元认知理论

1976 年，美国儿童心理学家弗莱威尔在《认知发展》中提出了元认知的概念。此后，有关元认知的研究便得到了广泛的关注。大量的实证研究表明，学生如果具有较高的元认知水平，就能有效地对自己的学习过程进行监控、调节，提高学习效率。在众多对元认知的定义中，元认知研究的开创者弗莱威尔所下的定义最具代表性。1976 年，他将元认知表述为"个人关于自己的认知过程及结果或其他相关事情的知识"，以及"为完成某一具体目标或任务，依据认知对象对认知过程进行主动的监测以及连续的调节和协调"。1981 年，他对元认知做了更简练的概括："反映或调节认知活动的任一方面的知识或认知活动"。由此可见，元认知这一概念包含两方面的内容，一是有关认知的知识，二是对认知的调节。

传统教学遵循教师讲授、学生吸收的"灌输式"教学模式，这导致了在整个教学活动中，学生很少甚至无法参与到教学活动中，因而创造力和想象力的发展受到了极大的限制。随着全球信息化时代的到来，这种"一言堂"的封闭式教学模式已经严重阻碍了高素质人才的成长，违背了培养综合型人才的教育理念。国内外专家学者在各种教学理论和实践中做出的改革尝试，使"以学生主体活动和教师有效指导相结合"的开放教学崭露头角，得到了广大学术界和教育界人士的一致认可。

## 三、 开放教学的特征

### （一）辐射性

开放教学主要以课堂为中心，从时间上是由前向后辐射，从空间上是

学校内向外辐射，从内容上是教学文本向各学科辐射，从方式上是理论向操作实践辐射，集中体现为全过程、全方位、全时空的开放。这个特征决定了开放教学可以更好地实现理论与实践的结合，从而提高学生寓知于行的能力。

### （二）主体性

开放教学以人为本，十分强调人的主体作用，尤其注重发挥师生的集体智慧与力量。在课堂上，学生是学习的主体，因此问题要让学生提、疑点让学生辩、结论让学生总结，而教师可以适时激发学生学习的主动性和创造性。

### （三）时代性

在开放教学中，教师可以有目的、有计划、有方法地吸收科技发展的前沿成果，不断更新自己的知识库，使课程永远把握住新时代的脉搏。当前，教育方针的核心是让学生得到全面发展，而实施开放教学，就是为了创造一个有利于学生生动活泼、主动求知的学习环境，让学生在轻松的氛围中自主学习，并在学习过程中发现问题、解决问题，从而实现自我发展与自我创新。

### （四）开放性

教育观念的开放，即要求教师拥有开放的教学理念；教育内容的开放，即教育内容不拘泥于教材，也可以来源于学生与生活。这打破了传统教学片面追求课程要求与教学内容统一的僵化做法。教学目的的开放，即教学目的并不局限于教会学生掌握枯燥的知识，而在于锻炼思维、发展能力。它突破了传统教学以问题为起点、以结论为终点的封闭过程。教育空间的开放，即强调教育并不局限于学校和教室，不受时空的限制，如远程教育的实施。教师可以开放教育空间，使教育从课堂向社会延伸，向传媒和网络延伸。教学评价的开放，即侧重全面评价与综合评价，改变传统教学以考试分数作为评价教育教学效果的单一评价体系。[①]

---

① 徐晓放，夏春德. 论开放式教学模式的基本框架［J］. 继续教育研究，2011（11）.

### 四、 开放教学的原则

#### （一）动态性原则

开放教学的过程是真正的师生互动的过程。教学问题的提出、问题讨论的深度、教学目标的达成度等，是由学生的认知水平和教师的点拨等诸多因素共同决定的，许多教学环节往往会超出教师的课前设计与预期。这就要求教师在备课时要充分考虑问题的讨论程序，多方位、多层次、多角度设计，提高对课堂的掌控能力。

#### （二）个性化原则

学生的智力水平、认知能力和知识基础等方面都存在差异，所以在开放教学中所表现出来的分析问题的能力与质量也存在差异。因此，教师应该承认和尊重学生的个性差异，在课堂上更多地关注学困生，给予他们充分展示才智、交流想法的机会，真正做到因材施教。

#### （三）探究性原则

开放教学的过程是一个充满探究与思考的过程，它要求所有问题必须在学生的自主探究过程中获得解决。因此，开放教学提出的问题一定要具有探究性。教师不要直接给出答案或直白地告诉学生思考的方向，以免降低问题的思维价值，降低开放教学的功能和效应，导致开放教学流于形式。

## 第二节　开放教学的价值

传统教学多局限于课堂，具有自我封闭、过分注重分数的特征，强调"以本为本"，切断了教学与生活的联系，忽视了学生的个性发展，使学生的成长难以适应现代社会的要求。基于以上认识，谭永焕遵循学生的心理

特点和认知规律，按照课标精神和教材的特点，在"以学生为本"的教学原则的指导下，形成"大教学观"，对开放教学进行了系统的探索和实践。

## 一、 开放教学的重要性

开放教学是针对传统教学的弊端提出的，具有传统教学模式所没有的价值，具有封闭式教学无法比拟的优点。同时，它与当前素质教育的培养目标不谋而合，符合素质教育所倡导的教学形式，这使它在现阶段的教育改革中占据主流地位。这一主流地位，是由它本身的价值决定的。

### （一）有利于培养学生的创新能力

开放教学突破了传统教学"以课堂为中心""以教师为中心"的模式，成功实现了教学中心的转变，即让学生把"要我学"的被动学习变为"我要学"的主动学习。学生可以在相对宽松的环境中放飞想象，充分发挥自己的聪明才智，对学习问题或思维对象进行分析、联想、类比与归纳。实践表明，在开放教学中，学生思考问题的方法往往更具有独创性与奇妙性，这正是创新思维的萌芽和基础。可以说，开放教学是培养学生创新思维能力的良好土壤。因此，教师应该鼓励与引导学生从不同角度思考问题，发表不同意见，让学生通过解决开放性问题获得创新演练的机会，以培养学生的创新精神与实践能力。

### （二）有利于促进学生掌握学习方法

开放教学能够有效地激发学生的求知欲望和进取精神，容易使学生产生"我是学习小主人"的心理体验，并在其中体会学习的乐趣和成就感，从而促使自己积极主动地参与到教学中。在开放教学中，学生会通过参与课堂讨论，在对比思考、联想、归纳与相互启发的过程中获取知识。长期坚持这种教学思想和形式，必将对学生掌握学习方法起到潜移默化的作用。同时，开放性的特征决定了学生能够公平地发表自己的想法，即使是学困生也能够从中获得启发思维、参与探索和回答问题的机会，这无疑会增强他们的自信心和战胜困难的勇气，有效缩短与优等生之间的差距，促使他们积极进取。

### （三）有利于提高教师的综合能力

在开放教学中，学生的思维得到了很好的启发，学习热情空前高涨。他们能在课堂上纵论古今、畅所欲言，提出的疑问或者猜想常常出乎教师的意料。面对学生这样的表现，教师只有拥有广博的知识，并及时给予学生准确的回应，才能赢得学生的尊重，从而有效展开教学活动。因此，教师必须不断"充电"，更新教学观念，丰富知识储备，提高自身的综合能力，以适应开放教学的需要。

## 二、 开放教学的必要性

传统教学存在忽略学生的主体作用、使学生被动学习、教学内容单调、考核评价体制单一等诸多弊病，它已不能满足现代教育培养人才的需要，无法适应现代教育发展的基本要求。在教学中引入开放教学的模式，适应了现代教学发展的需要，具有一定的现实意义。①

### （一）有利于推进课程改革，符合发展要求

开放教学最为显著的特点就是开放性，它是一种全方位、多角度的开放，包括教育观念、教育内容、教学过程、教育空间和教学评价体系等方面的开放。它以学生的发展为本，与现代课程改革的核心观念——"促进学生全面、持续、和谐发展"相一致，符合创新型人才培养的目标和现代教育发展的客观要求。开放教学的引进，势必冲击传统教学，引发传统教学观念、教学方法、教学内容、教学空间、教学评价体系等方面的根本性变革，有利于推进课程改革。

---

① 徐晓放，夏春德．论开放式教学模式的基本框架［J］．继续教育研究，2011（11）．

## （二）有利于优化教学系统，提高教学效益

开放教学可以改变传统教学的低效状况，优化教学体系。其一，可以提高教师要求。实施开放教学，首先要求教师能够整合知识、技能与情意，通过多方面的互动创设开放的教学模式，以适应现代教育的发展要求。其二，整合教学材料。教学材料的来源一般有书店、图书馆、网络、现实生活等，收集方法有网上检索、社会调查、参观访问等，呈现形式包括书籍、视频、故事等。教学材料的多样化与来源多元化的特点决定了教师必须对其进行灵活的整合，最大限度地发挥教学材料的辅助作用，促进学生掌握知识、发展能力。其三，优化教学过程。开放教学的实施，打破了传统教学以问题为起点、以结论为终点的封闭式过程。通过灵活运用兴趣启发、讨论交流、调查实践与实战模拟等形式来优化教学过程，让学生在开放教学中锻炼思维与发展能力。其四，建构评价体系。在教学评价领域，开放教学旨在改变传统教学以分数来评价教学效果的单一评价体系，建立"知能并重、智德并重、理论与实践并重"的全面评价方式，从而提高教学效益并促进学生全面发展。

## （三）教改呼唤开放教学

开放教学是指教师在教学过程中，从促进学生发展的角度出发，尊重学生的个人感受和独特见解，给予学生足够的学习时间和空间，把学生的原有经验看作重要的课程资源，鼓励学生对所学知识进行自我建构，使学习成为一个富有个性的过程。

### 1. 学习知识，开拓学生视野

实行开放教学，可以打破传统教学的局限，积极开展有效的开放式教学活动，比如，可以根据教科书中的内容进行拓展延伸，根据学生的兴趣选择或补充新的教学内容。利用图书馆、阅览室、网络等进行信息搜集和整理，不仅能帮助学生准确掌握书本知识，还能鼓励学生走出课堂，走向社会，走向自然，从而开阔视野、增长见识。

2. 提升能力，培养创新精神

开放教学改变了教师"满堂灌"的教学方式，积极倡导自主、合作、探究的学习方式。教师在确保学生主体地位的基础上，引导学生积极思考、主动探索，把"教"建立在"学"上，以培养学生的创新精神与实践能力。

3. 陶冶情操，完善学生人格

在开放教学中，教师摒弃了传统教学中烦琐的分析和机械的练习，善于抓住课内知识与课外知识的联结点，以饱满的激情充分激发学生的学习兴趣，调动学生内在的情感因素，引起学生心灵的共鸣，使他们在愉悦的氛围中享受学习的快乐，从而使学生的人格得到发展和完善。

在教学中，只有做到了有效地开放，才能激发学生学习的兴趣，发展学生的个性特长，促进学生素质的全面提高。因此，教师在教学中应该抓住最核心、最实质的内容，进行开放教学，切实提高教学质量。

## 第三节　开放教学的实施

谭永焕主张，实施开放教学时应以学生的发展为本，在开放教学中培养学生的观察、表达、操作与思维创新能力，提高学生未来生活和发展所必需的科学素养。新时代的教育工作者应把课堂还给学生，让课堂充满生命的活力，摆脱传统思维的桎梏和定式，用开放的教学理念与教学行为来指导课堂教学。

### 一、 开放教学的内容

"几千万人共读一套书"是近来社会各界对语文教育批判的焦点之一。长期以来，教材统一化与命题标准化的现状导致许多教师只会围着教材转，围着考试的指挥棒转。在这种压抑学生个性发展的体制下，教育就像工业生产一样，教师将学生"制造"成统一规格的产品，最终投入社会

中。面对这种重知识轻能力，重结果轻过程，重认知轻个性的教育现状，许多有识之士大声呼吁：课程改革已到非进行不可的地步了！但这种改变，绝非重新编写一套教材就可以实现。谭永焕认为，打破教材的限制、开放教学内容才是正确的选择。

后鼻韵母的教学（片段）

步骤一：交流学习体会

1. 出示漫画：学习如品茶，越学越有味。

2. 引发学生的学习感悟，激发学生的学习欲望。

步骤二：学习—ng

1. 拼音王国里还有几个字母宝宝我们没有认识，今天就让我们一起来和他们交朋友，大家愿意吗？（出示：ang eng ing ong。问学生："他们叫什么呢？"）

2. 出示自学思考题：认认真真地看一看，你发现了什么？（—ng 和前面学过的—n 都叫鼻音，前者叫后鼻音，后者叫前鼻音。）

3. 后鼻音怎么发音？它和前鼻音有什么不一样呢？

4. 学生练习做口型，不发声。

5. 教师发音，学生辨别；教师做口型，学生辨别。

步骤三：学习 ang eng ing ong

1. 出示自学思考题：后鼻韵母和前鼻韵母有什么区别？

2. 点拨：发音时嘴唇和牙齿都要保持张开的程度。

3. 开火车读。

4. 游戏：你读我猜（教师指出一个韵母，全班做口型，指名孩子发音）

5. 学习整体认读音节 ying。

（节选自湛江市第十二小学教案选编《后鼻韵母的教学》，<br>原文有删改，作者：林建平）

## （一）活用教材，重组教学内容

开放教学要求教师从学生的生活实际出发，灵活选用教材内容，根据教学需要，适当对教材进行删减、增补。如语文的汉语拼音教学，每一课都配有与教学内容密切相关的情境图与语境歌，用以指导学生观察，帮助学生识记。在教学中，教师应分清教学重点，让学生进行声母、韵母的拼读练习。在指导学生看懂情境图的过程中引导学生学习语境歌，要灵活运用生动形象的儿歌，切忌死记硬背，不宜把过多的时间与精力投入教学生看图说话或背诵儿歌中。同时，教师可以引导并鼓励学生在学习的过程中自主绘画情境图、编写语境歌，让学生自由展开想象，在创新训练中发挥自己的个性。[①]

### (二) 发散教材，深挖教学内容

开放教学内容并不是扩大知识的接触面，而要注重对教学内容与信息的汲取方法，注重教学内容与生活的紧密联系，让学生在教师的引导下自主选择相关知识进行创造性学习。因此，教师要充分挖掘学科的规律与特点，精心设计，使学生的思维始终处于活跃状态，激发和增强学生的学习兴趣，让学生主动参与到探求新知的活动中。在内容来源上，开放教学的内容主要包括五个方面：一是教科书中的内容，学好教科书中的内容，达到课标的要求；二是课外书中的内容，所谓"三分得益于课内，七分得益于课外"，一般真正在学问上有所成就的人无一不是阅读了大量相关的课外读物；三是生活内容，生活本身就是一本书，开放教学就是要多翻阅这本书，从鲜活的例子中提取有用的学习信息；四是实践内容，培养学生的实践能力是目前教学的当务之急，让学生动脑、动口、动手是开放教学的特点；五是富有时代气息的内容，教师应将高科技知识及时纳入学习内容中，让学生紧紧跟上时代的步伐，学习新的知识，始终保持一颗好奇心。

### (三) 渗透教材，加强内外联系

现行的大部分教材内容生动且形象，贴近学生的生活实际，但也有少数教材内容远离学生的实际生活。在开放教学中，教师选择的教学内容不应局限于教材，而应该增加学生感兴趣的内容，丰富学生的知识，拓宽学

---

① 谷东梅．浅谈实施小学语文"开放式课堂教学"［J］．林区教学，2008（2）．

生的视野，真正实现教学内容的开放。实践证明，师生共同参与教学过程，并将丰富的社会知识融入教学，不仅可以激发学生的学习积极性，拉近师生之间的距离，还可以让学生学到许多课本上没有的知识。

## 二、 开放教学的方法

教学方法往往受教育观念、教育目的与教学内容等因素的制约。有特定的教育观念、教育目的和教学内容，就有与之相应的教学方法。开放教学的"辐射性""主体性""时代性"与"开放性"的特征，决定了开放教学中必须要处理好学生、教师、教材及教学手段之间的关系，以学生的发展为本，突出学生的主体意识，调动学生学习的积极性，激发学生的学习兴趣、求知欲与参与热情，创设动态的学习情境，引导学生在主动积极地探索知识、获取知识以及研究和解决问题的过程中生成智慧、开发潜能、发展个性，培养合作意识与创新精神。

认识角

步骤一：谈话引入，揭示课题

师：同学们，今天老师带你们到数学王国去旅行，你们想去吗？

生：想。

师：好，我们现在就出发，Let's go！现在，我们已经来到了数学王国的大门口，这是一扇神奇的大门，它是由一些平面图形组成的，只要你能说出这些图形的名称，它就会自动消失，大门就开了。谁能说出这些图形的名称呢？来试一试。（让学生逐一说出这些图形的名称，最后剩下了角），咦，哪个家伙敢挡住我们的去路？谁认识这个图形？

生：角。

师：对了。这个图形我们之前没学过，不太熟悉，今天我们就到数学王国里寻找角、认识角，好吗？（板书课题：认识角）

步骤二：引导发现，活动探究

1. 找一找

师：我们继续往前走，来到了一所小学校，谁能在学校里找到角呢？

（电脑显示学校图，指名找角）

师：生活中处处都有角，只要你们细心观察，就能找到。请大家再看看图，在这些物体中，角藏在什么地方？（电脑显示，指名回答）

师：脱掉美丽的外衣，这些角是怎样的呢？（从物体中抽象出角）请看，你还能在教室里的哪些地方找到角？（指名说）

2. 折一折

（1）折角：拿出一张圆形彩纸折一个角，可以自己折，也可以跟同桌一起折。

（2）摸角：请闭上眼睛摸一摸，你有什么感觉？小组交流一下。（指名说感觉）

3. 想一想

师：把角放好，请坐好，再次闭上眼睛想一想角的样子。

师：同学们，刚才我们通过折角、摸角、想角，对角有了初步的感觉。我们知道自己身边处处都有角，我们生活在角的王国里，我们是这个王国的小主人，你们想不想知道更多有关角的知识呢？

步骤三：自学新课，自主求知

师：请大家打开课本，自学第88页的内容，看谁能找到更多的与角有关的知识。谁先来说说，你学到了什么。

生：我知道一个角有一个顶点和两条边。

生：我会记角、读角。

师：顶点在哪里？也就是刚才我们摸到的哪个地方？边是怎样的？（直直的）一个角有几个顶点、几条边？这个点既是这条边的一个端点，也是另一条边的一个端点，也就是这两条边共有的点。一个顶点和两条边组成了一个角，我们可以用一条弯弯的弧线标出这个角来。如果在角里写上"1"字，就记作∠1，读作角1。（电脑显示）说明一下：如果有几个角，为了便于区别会标上∠1、∠2、∠3、∠4等。

师：同学们，角的家族丰富多彩，你们想到角家族去参观一下吗？

生：想。

师：想去参观可不是件容易的事，必须得闯过四关才行，你们敢接受

挑战吗？

生：敢！

步骤四：闯关训练，巩固新知

师：好，数学大闯关现在开始！请看第一关：辨一辨。

师：第一关顺利通过，请看第二关：标一标。

师：第三关：做一做。（出示课件）做一个活动的角，一起来体验角的变化。

师：第四关：画一画。

（教师问，学生回答的同时教师跟着在黑板上画。）

（节选自湛江市第十二小学教案选编，原文有删改，作者：麦冰）

## （一）多感官教学

多感官教学是指在教学活动中教师要以学生为中心，充分调动学生的各种感官，让学生在学习过程中能动眼、动口、动耳、动手、动脑、动情。其中，"动眼"可以培养学生的观察能力；"动口、动耳、动手"可以培养学生的听、说、读、写、算和操作等基本能力；"动脑"可以培养学生的记忆、思维、想象等能力；"动情"可以培养学生的学习兴趣，陶冶学生的道德情操，激发学生的审美情趣。动眼、动口、动耳、动手是外显的活动，教师要通过学生的感知活动、言语交流活动和操作活动，结合团体、小组、个别活动，增加学生各种感官的活动机会，形成一种全员参与、全程参与与主动参与的局面，促使外显活动向内隐活动转化。而动脑、动情是内隐的活动，是由外显活动转化而来的观念活动和情意活动。通过各种外显的活动，可以激发学生的学习兴趣，形成一种学习内驱力。

苏霍姆林斯基说过："孩子们的智能和才干出自他们的手指头。形象地说，发源于手指头的细小溪流，不断补充着创造性思维的源泉。"在开放教学理念指导下的多感官教学，尤为注重对学生动手能力的培养，主张采用画一画、演一演、做一做等形式来深化学习内容，培养学生的动手能力与创造力。总的来说，多感官教学强调学生的主体地位和能动作用，促使教师将各种教学方法融会贯通并灵活运用，以适应现代教学方法改革的需要。

### (二) 情境教学法

情境教学是充分利用各种形象创设典型场景，激起学生的学习兴趣，丰富学生的感知，并协调大脑两个半球的相互作用，把认知活动与情感活动结合起来的一种教学方法。情境教学具有形真、情切、意远、理蕴四大特征。"形真"具体指神韵相似，以鲜明的形象，帮助学生感知教材；"情切"具体指情意真切，参与认知活动，充分调动主动性；"意远"具体指意境广阔，形成想象契机，有效地发展想象力；"理蕴"具体指蕴含理念，抽象的理念伴随着形象，有效地提高认识力。其中的关键是教师要根据教学的目标及教学内容的特点，创设良好的情境，并把学生带入情境中。其中，创设情境有六种途径：以生活展现情境，以实物演示情境，以图画再现情境，以音乐渲染情境，以表演体会情境，以语言描绘情境。在开放教学中，情境教学理应得到运用、推广，并结合开放教学的特点做出适当的改进。

德国教育家第斯多惠说："如果使学生习惯于简单地接受和被动地学习，任何方法都是坏的；如果能激发学生的主动性，任何方法都是好的。"在开放教学中，各种教学方法之间都是相互开放的，这就要求教师学会博采各种教学方法之长，善于因时、因人、因情地运用教学方法，为培养全面发展，具有创新精神的学生而努力。

## 三、 开放教学的评价

教育心理学理论认为，正确评价，适当表扬与鼓励是对学生学习成绩进行肯定的一种强化方法。评价是课堂教学的重要环节，若评价恰当，则能起到激发学生的学习兴趣，促使学生主动发展的作用；反之，则可能对学生的身心发展产生消极的影响。传统的教学评价在评价内容、评价主体、评价过程等方面表现出明显的封闭性。相比之下，开放教学的评价则强调在评价过程中实现"四个延伸"：从课堂向课外延伸，从期中向平时

延伸，从考试向考查延伸，从智力因素向非智力因素延伸。教师应尊重学生的个体差异，大胆向学生开放教学内容，以吸引学生参与创建开放的学科世界，获取主动发展。

### 初中作文教学的三次改进

第一次尝试：让学生了解作文讲评四步骤

布置作文后，虽然写作前的指导很重要，但作文的评改更重要。既然作文本上的评语作用不大，那么干脆就"权力下放"，把作文批改放到课堂，设法引起学生对修改作文的兴趣。因此，我设计了作文讲评课的四个步骤：（1）复习写作基础知识，回忆作文训练目标和作文指导要点；（2）习作展示；（3）学生讨论，指导优点，并提出修改意见；（4）作文修改。

第二次尝试：让学生书面记录评改意见

尝试结果表明，学生反应较热烈。他们在讨论中发现了自己作文的不少优缺点，并能针对作文的不足提出许多较有价值的修改意见。被展示的习作通过修改，好了许多。经过几次讲评讨论课后我发现，尽管多数学生能积极参与讨论，但他们对自己的作文，除了订正错别字之外，基本上不作改动。其中主要的原因是，大多数学生没有做好书面记录，离开课堂后，他们就忘了修改要求，难以下笔修改。为此，我调整了作文讲评课的操作要求，让学生把对展示习作的意见用书面形式记录下来，并对照自己的作文，及时记录课堂上提出的可供自己修改作文时参考的意见。被展示作文的习作者针对别人的评判，可以进行自我辩护，或说明为什么这样写作。这样有利于让学生在争论之中明确写作要领。

第三次尝试：让学生编写作文提纲

指导策略调整后，在一些学生身上很奏效，但仍有不少学生修改作文时只是稍微做了改动，改观并不大。究其原因，是学生对照写作要求后，觉得相距甚远，修改等于重写，太麻烦。确实，对写作基础较差的学生来说，写一次已经不容易了，重写更是麻烦。为此，我开始强调，写作前要认真思考，编好写作提纲。我也了解到，大部分学生写作前没有构思，提笔就写，一气呵成，写到哪里算哪里。凭感觉写出来的作文，能勉强凑足篇幅，但也许难以符合作文要求。

起初，学生虽然编写了写作提纲，但作文的随意性还是很强。原因是多数学生写写作提纲是为了应付教师。为此，我把提纲的讲评与修改引入课堂，要求学生在课堂上修改作文提纲，检查提纲与题目是否吻合，并把提纲写具体。教师巡视，挑出较好的提纲做示范。经过几次训练，学生作文跑题的情况大大减少，作文讲评讨论后的"修改工程量"大为减轻，学生开始变得乐于动手修改作文了。

（节选自《初中作文教学之行动研究》，原文有删改，

作者：李萍，2001年发表于《山东教育科研》）

### （一）在评价目的上，指向学生的主动持续发展

开放教学评价的目的在于了解学生的真实状态，在此基础上激励与引导学生，激发学生的学习兴趣，并适时调整教学进程。简单来说，开放教学中的评价是出于调适与发展的目的，而非鉴定与管理的目的。

### （二）在评价内容上，注重对学生进行全面考察

封闭教学中的评价只注重对学生掌握认知内容多少的评价，尤其是对记忆、再现等外在行为表现的评价。而开放教学则注重对学生的思维方式、学习态度与情感体验等方面进行评价。

### （三）在评价技术上，融合技术，渗透综合视角

在教学过程中，教师可以采用问答、课堂练习、教学日记、实验操作等方法，考查学生在学习过程中的主动性、认真程度，以及解决问题的能力和合作交流能力等。如果有时间，教师还可以组织一些测试、访谈、竞赛活动等来进行评价。对于开放教学的评价来说，评价技术是关键，但理解其背后的评价目的对教师来说更为重要。

### （四）在评价主体上，兼顾多种主体的评价方式

教学评价的方式主要包括教师评价、学生自我评价和学生之间的相互评价。如果能使学生成为评价的主体，并形成多种组织形式，如个体评

价、相互评价、小组评价、全班评价等，那么我们就可以从多个角度对教学活动进行更加全面、客观与科学的评价。让学生成为教学评价主体，本身就是引导学生主动参与、发挥学生主体性的一种体现。既然学生是学习的主体，那么教学评价的主体理应是学生。我们习惯于用生生互评与自我评价两种形式来完成学习评价。前者可通过组内评价和组间评价，对同伴的学习思维进行分析、判断与整理；后者可让学生自己复述思维过程，对自己的学习活动进行判断、反思与鉴别，不断提高学习水平。

谭永焕认为，开放教学实际上就是一个开放的、生成的、有效的教学过程，而作为主体的学生则是一个个身心在不断建构与升华的人。因此，教师应该有向学生学习的胸怀，须有教学相长的智慧。教师应该通过创设有利于活跃学习气氛的情境，让学生参与到教学活动中来。在开放教学中，学生能大胆想象，活跃思维，提高自主创新能力，使开放教学处处闪烁出创新的火花。在开放教学中，教师可以充分发挥主观能动性，为学生创造参与教学和相互交流的机会，帮助学生在自主探究的过程中真正理解和掌握知识与技能，同时也有利于自己积累宝贵的教学经验。

# 第八章  体验教学
## ——动静结合，活跃课堂

教师在课程教学中应着重培养学生的实践能力；学生在学习时应注重与生活相结合，注重知识与能力、过程与方法、情感态度与价值观的综合发展。谭永焕认为，在新课改的背景下，关注学生的情感体验，强调学生个体的独特体验，强调师生、生生间的生活联系和情感互动，日益成为现代教育教学的要求。为适应新课程改革和素质教育的要求，体验教学方法是理想的选择之一。

## 第一节  体验教学的内涵

新一轮课程改革强调学习过程中学生的体验，这不仅是教学方式的变革，更是教学思维的转换。传统教学带有明显的应试教育的特征，其多以传授知识为教学的起点和终点，教师多从"物"的角度去研究教学，追求统一的、普遍有效的操作模式，忽视学生内心世界的情感体验。[①] 现代教学更应关注学生的体验，丰富学生的情感世界。

### 一、 体验教学的理论依据

美国著名教育家杜威认为："教育即经验的不断改造""教育即生活"

---

① 杨四耕.新课程课堂教学探索系列：体验教学［M］.福州：福建教育出版社，2005.

"教育即生长"。这三者是内在统一的，其中"教育即经验的不断改造"是基本的命题，体验教学的理论基础主要有情境学习理论和情感心理学理论。

## （一）情境学习理论

20世纪80年代末90年代初，由于受到认知科学、生态心理学、人类学以及社会学等学科的影响，加之对当时的学校教育脱离实际、知识惰性化等状况的不满，学习理论的研究取向逐渐从认知转向了情境。[①] 情境学习理论是由美国加利福尼亚大学伯克利分校的让·莱夫教授和独立研究者爱丁纳·温格于1990年前后提出的一种学习方式。

情境学习理论认为，学习不仅是一个个体性的意义构建的心理过程，更是一个社会性、实践性，以差异资源为中介的参与过程。情境学习理论认为，学习的本质就是对话，学习过程的经历就是广泛的社会协商，而"学习的快乐就是走向对话"。情境学习理论强调学习不可能脱离具体的情境而产生，情境是整个学习中重要而有意义的组成部分，情境不同，所产生的学习内容也不同，即学习受到具体的情境的影响。

学习的实质是什么？情境学习理论认为，学习的实质是个体参与实践，与他人和环境等相互作用的过程，是形成参与实践活动的能力、提高社会化水平的过程。在学习环境设置方面，情境学习理论强调社会文化因素的作用，力图为学生提供这样一种环境：使学生在社会实践中进行探究性学习，并支持其确立积极的身份。在课程设计方面，情境学习理论认为，对概念与原理等学科内容的学习不可能脱离具体的活动方式，学习的课程除了体现该学科的基本知识结构外，还应该体现学生参与活动的类型和方式。在对于学习成效的评价方面，情境学习理论强调学习成效的评价应结合真实的问题解决过程进行，评价学生的探究能力以及参与实践活动的能力。除此之外，情境学习理论还特别强调让学生参与评价，认为学生不只是被评价者，还应该参与到对自己、对他人进行评价的过程中，进而培养学生的判断力和责任感。

---

① 杨四耕．新课程课堂教学探索系列：体验教学［M］．福州：福建教育出版社，2005.

### （二）情感心理学理论

美国学者诺尔曼·丹森在其著作《情感论》中说："没有情感，日常生活将是一种毫无生气、缺乏内在价值、缺乏道德意义、空虚乏味而又充满无穷无尽交易的生活。情感过程是个人与社会的交叉点，因此一切个人都必须通过他们在日常生活中感受到和体验到的自我感和情感加入他们自己的社会。……一个真正意义上的人，必须是一个有情感的人。"人们不断体验着自己内心世界的喜怒哀乐，也常常会对他人的各种情绪表现做出反应。体验教学重视人的情感体验，这必然会涉及与人的情感体验密切相关的心理现象。从心理学的角度讲，情感是人对客观事物的态度的体验。

情感是态度的一部分，它与态度中的内向感受、意向具有一致性，是态度在生理上的一种较复杂而又稳定的生理评价和体验。它是人类心理活动的重要组成部分，是一种复杂的心理现象。在生活中，当人们遇到疑难的情境时，关于该情境的情绪便会随之产生。但是人是否会产生相应的行为反应，则取决于他对该情境情感体验程度的深浅。在教学情境中，教师要通过引导学生对教学中的情境进行体验，从而调动学生相应的情绪和情感，激发学生的主观能动性，引起学生身心和实践活动的变化，通过体验实现相应的认识和情感的教学目标。而没有学生相应情感参与的教学，就不能说是真正意义上的教学。

## 二、 体验教学的含义

### （一）"体验教学"的含义

体验教学是一种以人的生命发展为归依的教学，它尊重生命、关怀生命、拓展生命、提升生命，蕴含着高度的生命价值与意义①。体验教学所关心的不仅是人经由教学可以获得多少知识、认识多少事物，还在于人的

---

① 辛继湘.体验教学研究［M］.长沙：湖南大学出版社，2005.

生命意义可以经由教学而获得彰显。同时，体验教学也是一种教学策略，一种以"体验"为核心达到教与学目的的基本策略。

关于体验教学的含义，不同的人有不同的观点，比较有代表性的观点有以下几种。① 认为体验教学就是让学生通过切身实践来认识和掌握所要传授的知识、技能，或者通过唤起学生以往的记忆表象来实施教学的方法。② 认为体验教学即学生在教师的指导下，联系自己的生活，凭借自己的情感、直觉和想象，以及渗透于其中的对思想情感的感受和领悟来学习。它强调学生的主体性，强调学生的参与、投入和亲自感悟，关注学生精神世界的建构。③ 认为体验教学是在教学过程中，教师以一定的理论为指导，有目的地创设教学情境，激发学生情感，并对学生进行引导，让学生亲自去感知、领悟知识，并在实践中验证知识，从而成为真正自由独立、情知合一、实践创新的"完整的人"的教学模式。④ 认为体验教学是教师积极创设各种情境，引导学生由被动到主动、由依赖到自主、由接受性到创造性地对教育情境进行体验，并且在体验中学会避免、战胜和转化消极的情感和错误的认识，发展、享受和利用积极的情感与正确的认识，使学生充分感受蕴藏于这种教学活动中的欢乐与愉悦，从而达到促进学生自主发展的目的。以上几种观点，都强调了体验教学中学生的"体验"，说明了体验教学的最终归宿是"让学生在体验中发展"。

从体验教学的基本含义看，它包括教师的教学体验和学生的学习体验。在体验教学中，每一次体验"都可以变成问题，每一次询问都可以是新的，每一个解释现象学的讨论都是永无止境的"。[①] 教师对教学的体验，使教师能够感受到复杂多变的课堂情境，能够理解情境的意义，能够体会到情境的重要性，能够"知道做什么"和"如何做"，而且能够实质性地将某件事做得十分贴切。[②] 而学生的学习体验，则是以学生的经验与活动为基础，以学生积极参与活动、身心投入活动为前提，以学生的自我体验为核心，以提升学生的生命质量和促进学生的和谐发展为目标的。

---

① ［加］马克斯·范梅南．生活体验研究：人文科学视野中的教育学［M］．宋广文译．北京：教育科学出版社，2003.

② 杨四耕．新课程课堂教学探索系列：体验教学［M］．福州：福建教育出版社，2005.

综上所述，我们认为体验教学是以体验为基本特征的促进教师专业发展和学生全面发展的一种教学形式，是学生在教师的引导下通过教育教学活动，亲身感悟道德和知识而形成的教学方式。"在体验中发展"是体验教学的精髓，也是体验教学的基础和切入点。

## （二）"体验教学"的特点

### 1. 亲历性

亲历性是体验教学的本质特征，体验教学的另外两个特征也是由它派生出来的。体验是人的一种特殊的心理活动，它一般是由人对事物的亲身感受开始的。亲历性不同于亲身经历，它包括两个方面的内容。一是实践层面的亲历，即主体通过实际行动亲身经历某件事，如学生在教学活动中行为的参与，包括主体扮演和不扮演客体角色两种情况。二是心理层面的亲历，即主体在心理上虚拟地"亲身经历"某件事，这也包括两种情况：对别人的移情性理解、对自身的回顾与反思。在体验教学中，学生不再是被动的知识接受者，而是从行为和情感上直接参与到教学活动中，通过自身的体验和亲历来建构知识。

### 2. 主体性

学生主体的发展是教学的出发点和归宿，让学生"在体验中发展"既是对体验教学精髓的高度概括，也是体验教学的基础和切入点。学生是体验教学的主体，没有主体的认知、实践和情感投入，体验教学也就无从谈起，因此，在体验教学中要突出和发挥学生的主体性作用。对于学生的发展来说，无论是思维、智力的发展，还是情感、态度、价值观的形成，都是通过主体与客体的相互作用实现的，而主体和客体相互作用的媒介正是学生的体验。在体验教学中，师生的关系是通过教学中的交往、对话、理解而达成的平等关系，而不是单纯的"授—受"关系。在体验教学中，教师是学生学习和成长的促进者。它强调教师对学生学习的方法指导，真正凸显了学生的主体性地位。教师的作用不再是单方面地传授知识，更重要的是要利用一切资源为学生的学习做好准备工作，让学生产生一种渴望学习的冲动，主动地全身心投入学习中。

3. 差异性

各个教学主体间都存在着种种差异，其水平不一样，兴趣爱好各异，对事物的理解也不一样，因此每个学生的体验是不同的。即使是同一个事物，不同的学生也完全可以以不同的方式去理解，从而得到不一样的认识，产生不同的情感。虽然体验教学中的主体具有差异性，但是个人的体验也是可以分享的，也正因为主体的体验存在着差异，所以他们之间才会有交流和分享的必要与可能。在体验教学中，主体不同的方式、不同的感受、不同的理解，要经过彼此的交流和沟通，才能碰撞出心灵的火花。

# 第二节　体验教学的价值

新课程改革强调"以创新精神和实践能力的培养为重点，建立新的学习方式，促进学习方式的变革"，教学的重点不再是教给学生固有的知识，而在于培养创新型的学习者，让学生学会如何学习，学会如何生存，这就要求广大教育者不仅要传授知识，更要教会学生学习的方法，提升学生学习的欲望和能力，塑造学生的健康人格。

## 一、 体验教学的必要性

### （一）体验教学是改革传统教学方式的必要途径

知识是人们对生活经验的总结、概括和抽象，它来源于生活经验之中，经过抽象加工而具有一定的抽象性和符号性。书本知识是前人对自然和社会的描述、解释，是对人类生活和生存经验进行科学总结的成果，是通过语言、文字或者符号系统来表现的。在传统教学中，教师以教授书本知识为主，将各种知识进行分类组合，按照知识体系将其编排在一起，然后再按照教育培养目标进行教学。但是，学习知识的意义不仅在于学习知识符号本身，更在于了解这些知识符号所代表的丰富的意蕴。以传授知识为特征的传统教学有些舍本逐末，它将学习符号而不是了解符号所代表的意义看成是教学目标，虚构一个知识世界，并热衷于对这些符号进行记诵和逻辑演绎，从而导致学生学到的不是沉甸甸的生活智慧，而是枯燥无味的语言符号。

教师不但要让学生学到知识，更要让学生知道获得这些知识的方法，"知其然"，也应"知其所以然"，让学生在学习知识的同时获得体验，加深对知识的理解，同时，还要注意书本知识与实际生活知识的联系。

### （二）体验教学是适应新课程改革的必要措施

《基础教育课程改革纲要（试行）》中指出："改变课程内容'难、繁、偏、旧'和过于注重书本知识的现状，加强课程内容与学生生活以及现代社会科技发展的联系，关注学生的学习兴趣和经验，精选终身学习必备的基础知识和技能"；"改变课程过于注重知识传授的影响，强调形成主动的学习态度，使获得基础知识与基本技能的过程同时成为学会学习和形成正确价值观的过程"；"改变课程实施过于强调接受学习、死记硬背、机械训练的现状，倡导学生主动参与、乐于探究、勤于动手，培养学生搜集和处理信息的能力、获取新知识的能力、分析和解决问题的能力以及交流与合作的能力。"新课改强调让学生"参与""活动""操作""实践""考察""调查""探究"和"经历"，强调学生在掌握知识与技能的同时，更要注重过程与方法，情感态度与价值观。教师要让学生在活动中获得体验，在体验中获得知识和个体发展。

### （三）体验教学是落实素质教育的必然选择

个人素质的形成和发展是主体内在世界的改变和发展，只有当主体对客体产生了感受、领悟和内心反应时，客体才会真正进入主体的内心，与主体发生融合，在主体的内心世界扎根、繁殖，从而促进主体素质的实质性发展。[1] 素质教育所关注的问题是"对知识的量和质，尤其是对知识的

---

① 杨四耕.新课程课堂教学探索系列：体验教学［M］.福州：福建教育出版社，2005.

结构再做一番审视，以使习得之知识具有更高质量和具有更合理的结构；对能力的性质作用及其结构也再做一番审视，使其更好地发挥出来。"① 素质教育的实施离不开教学，也就是说，教学是素质教育实施必不可少的环节。体验教学关注学生生命的完整性，关注学生在习得知识、扩展能力的同时通过融入情感态度、价值观的体验使知识影响渗入心灵深处而成为素质。② 正如苏联心理学家瓦西留克所说："体验活动的结果总是一种内部的主观的东西——精神平衡、悟性、心平气和、新的宝贵意识。"因此，体验教学是落实素质教育的必然选择。

## 二、 体验教学的重要性

### （一）体验教学有利于确保学生的主体地位

体验教学实际上就是强化学生对教学的主动参与及对学习内容的积极把握，使人的自然性、社会性和自主性和谐发展，从而生成新的体验。③ 在体验教学中，学生是主体，学生能自主地体验知识并获得自己的感悟，激发情感。体验是人的内心世界的一种发展变化的过程，是与主体相关联的。教材中的知识与观点，都是学生认识的客体，学生有权进行选择或批评。在体验教学中，学生可以根据自己的需要，按照自己的方式、特点去体察、去感悟，从而获得不同的感受和理解。体验是自我的，是他人无法替代的。因此，在体验中实现学生的主体地位，学生能最大限度地获得身心的解放，从而最终获得知识，发展自身的能力。

### （二）体验教学有利于促进有效课堂的实施

在体验教学中，教师由传统的课堂"主宰者"变成了学生的"服务者"和课堂的"组织者"，同时也是与学生共同探讨的"参与者"。因此，

---

① 张楚延．素质：中国教育的沉思［M］．武汉：华中理工大学出版社，2001.
② 辛继湘．体验教学研究［M］．长沙：湖南大学出版社，2005.
③ 杨四耕．新课程课堂教学探索系列：体验教学［M］．福州：福建教育出版社，2005.

在体验教学的课堂中，学生能够全身心投入学习，始终处于主动、自觉、积极的状态下，教师与学生的和谐关系为课堂创设了一个良好的氛围。一个好的课堂氛围是实现有效课堂的前提，体验教学有利于促进学生的有效学习，因为它较重视学生的经历和体验，在学生对知识的理解和运用方面能起到事半功倍的作用。同时，在体验教学中，教师打破了学生在学习中机械孤立的学习状态，促使学生在解决问题的时候能综合运用已有的知识和经验，从而构建新的知识和体验。在体验教学中，学生的主动性与教师的协助相结合有利于促进有效课堂的实施。

### （三）体验教学有利于学生创新精神的培养

有心理学家将创造与知识之间的关系概括为两句话："首先，一个人过去获得的知识越多，他越有可能对新问题有创见性；其次，一个人过去获得的知识越少，他的创见性就越大。"[①] 如果教学只注重知识的量而不注重其质，那么这些知识也可能会成为学生发挥创新能力的阻碍。体验教学要求学生以积极的心态去询问、去探究、去发现，在探究、发现的过程中获得创新体验。没有体验，学生就容易失去自我；没有体验，感知就不会深刻；没有体验，就不会有自我构建；没有体验，就不会有创造的发生；没有体验，实践就不会得到深刻的反思，实践能力自然也不会得到充足的发展。[②] 在教学中，学生只有在发现问题、分析问题、解决问题的体验中才能得到真正的成长，这样才有利于对学生创新精神的培养。

## 第三节　体验教学的实施

教学本应关注人，一切为了人；本应关注人的生命状态，为了人的生命发展。但是，传统教学却忽视了人，忽视了学生的主体作用。时代呼唤

---

① ［美］克雷奇.心理学纲要（上册）［M］.周先庚译.北京：北京文化教育出版社，1980.
② 杨四耕.新课程课堂教学探索系列：体验教学［M］.福州：福建教育出版社，2005.

新的教学模式，体验教学无疑成为新课改的重要内容。谭永焕的体验教学，以使学生进入教学内容所描述的环境中进行学习、体验和感悟为目标。那么，如何才能让学生在其中获得知识呢？谭永焕认为，可以让学生在活动、情境及认知过程中进行体验，从而获取知识。

## 一、 活动教学

活动是产生主体体验的重要途径。马克思认为，活动是"人的感性活动"，也可指"实践"。而一些心理学家则认为活动是"由行为动作构成的主体与客观世界相互作用的过程，为意识能动性和个体能动性的高级形式"。活动教学是指以在教学过程中建构具有教育性、创造性、实践性的学生主体活动为主要形式，以激励学生主动参与、主动实践、主动思考、主动摸索、主动创造为基本特征，以实现学生多方面能力综合发展为核心，以促进学生整体素质全面发展为目的的一种新型的教学观和教学形式。[①] 教学中的活动对教学效果起着很重要的作用，教师在教学过程中应该很好地运用活动这一载体，促进学生学习的同时，也促进自身专业能力的发展。

两只小狮子（第二课时）

步骤一：创设情境，谈话导入

（略）

步骤二：初读课文，感知内容

（略）

步骤三：走进文本，精读感悟

（略）

步骤四：续编故事，角色表演

1. 问题：几年后，狮子的爸爸、妈妈不在了，狮子的哥哥和弟弟又

---

① 杨莉娟. 活动教学：理念、有效性与基本模式［J］. 湖南师范大学教育科学学报，2007（3）.

会怎样呢？

2. 小组讨论，并尝试演一演。

3. 抽选学生上台表演。

步骤五：教师示范，学生练写

1. 指导书写第 2 自然段的 5 个生字。

2. 学生观察，教师范写，学生临摹，师生讲评。重点指导"练"。

步骤六：拓展作业，畅所欲言

1. 积累"懒洋洋"这一类词语，鼓励学生到课外书中收集。

2. 续编这个故事，你认为谁能成为真正的狮子呢？

（节选自湛江市第十二小学教案选编《两只小狮子》，

原文有删改，作者：谭海洲）

### （一）合理的活动选择

著名教育家陈鹤琴说过："儿童秉性好动，我们不要仍旧用消极的老办法，来剥夺它的活泼天性，必须予以适当的环境，能使它充分地发展。"活动教学是否能对教学起积极的推动作用，取决于教师对课堂活动的选择，教师所选择的活动的好坏将直接影响教学效果的好坏。教师选择课堂活动时，要充分考虑该活动对教学的作用，思考其能否为教学带来积极的作用。此外，教学活动的选择还需要考虑学生的接受能力与性格特征等因素。

### （二）充分的活动准备

教学中的活动准备，亦可以理解为教师的备课。教学组织活动应该不断推陈出新，以引起学生的学习兴趣，所以，教师在进行课堂活动准备时，势必要让学生有"惊喜"的感觉。选择的活动如果需要道具，必须在课前做好充分的准备。只有这样，才能使教学活动始终处于有序的环境中，确保教学有效进行。反之，教学则容易陷入无序、混乱的局面。这一点，经验不足的年轻教师应重点关注。

真心是教育的底色 谭永焕与真心教育

### （三）正确的活动引导

在传统的课堂教学中，教法单一，师生互动较少，容易导致学生的学习兴趣不高，学习效果不理想。在活动教学中，教师关注教学方法的创新性，积极进行活动的组织与实施，增强活动的"体验感"，从而能有效改善教学效果。需要注意的是，教师在活动教学中应注重情感投入，正确对待学生在活动中出现的错误，在纠正其错误的同时给予其积极的鼓励，以激发他们的学习兴趣，提高教学效果。

## 二、 情境教学

情境是丰富的、复杂的、多元的，每一所学校、每一个班级、每一个课堂都有不同的情境，这种情境是独一无二的，是教师与学生进行学习的重要条件。[①] 情境教学是指教师通过为学生提供一个相对完整、真实的情境，还原知识产生的背景，恢复其原来的生动性和丰富性，使学生更真实地融入情境亲"心"体验其过程，并以此为基础，使学生产生学习的需要和兴趣，进行自由学习，从而达到主动建构知识、产生感悟、生成意义的目的。教师要以学生的经验为基础，联系其生活实际创设情境，使其有"切实"之感。

称赞（第二课时，节选）

步骤一：创设情境

师：昨天，我们到动物王国做客，和许多小动物做了有趣的游戏，还认识了两个可爱的小动物，它们是谁啊？（出示课件：小刺猬和小獾的图）

师：今天，小刺猬和小獾又来我们班做客，为了表示对它们的欢迎，我们先一起来做一个"摘果子"的游戏。（出示"摘果子"课件）指名学生读生字。

师：接下来，我们继续学习这篇关于小刺猬和小獾的课文。题目

---

① 杨四耕. 新课程课堂教学探索系列：体验教学［M］. 福州：福建教育出版社，2005.

叫——《称赞》。

（板书：称赞。）

步骤二：自主学习

（略）

步骤三：探究问题

1. 我想大家现在一定迫不及待地想自己读这个故事了吧？下面请同学们自由地读课文，给每个自然段标出序号。分别画出小刺猬和小獾说的话，并想想该怎么读。

2. 谁来读读小刺猬的话？其他同学请认真听，待会儿要请你们来评一评。（指名读，读完后，指名评，教师相应指导。）

3. 哪位同学再来读一读小獾的话？（指名读）

4. 刚才那些同学表现得真好，谁能用一两句话来称赞一下？（指名说）

5. 听了这位同学的称赞，你心里感觉怎么样？（指名说，引导学生说出：很高兴、有信心等）

6. 是啊！称赞可以让我们心情愉快，给我们带来信心。那么，故事里的小刺猬和小獾，又是怎么互相称赞的，称赞又给它们带来了什么呢？请同学们自由读课文，把它们互相称赞的话用横线画出来，多读几遍。

步骤四：角色扮演

1. 今天，动物王国里还举行了一个"最佳小刺猬""最佳小獾"的评选活动，谁愿意扮演小刺猬、小獾来参加比赛呢？把这个故事演一演。（每组各选两名代表演。）

2. 评出最佳演员并颁发奖品。

（节选自湛江市第十二小学教案选编《称赞》，<br>原文有删改，作者：吴妤蓉）

### （一）联系生活，实际体验

刘勰在《文心雕龙·知音》中指出："夫缀文者情动而辞发，观文者披文以入情。"每篇文章中都蕴含着作者的情感。文章所反映的情感因素饱含着作者深刻的生活体验。"要改变课程内容繁、难、偏、旧和过于注

重书本知识的现状，加强课程内容与学生生活以及现代社会和科技发展的联系。"超越知识符号的课堂，构建生活的课堂，放飞学生的心灵，并使之穿梭于生活世界和理性世界之间，是对教师课堂教学艺术的时代要求。在以情境教学促进学生体验的过程中，教师要通过创设情境把书本知识与学生的实际生活联系起来，强化学生的体验，使学生理解作者的写作意图，从而加深学生对教学内容的理解，增强学生对生活的热爱之情。

### （二）角色转换，入境体验

表演是学生思考和再现生活的一种方法。作为一种艺术，表演可以让学生换位体验。把表演作为一种方法引入教学中，可以让学生真切地体会教学内容，感受人物的内心思想，活跃学习氛围。由于学生的生活体验有限，因此对有些教材所描述的情境会不太熟悉或者是感觉比较陌生、不易理解。这时，教师可以指导学生扮演角色，让学生以当事人的身份来讲述自己面对的外部环境与自身的精神状态，从而使教学情境真实地展现在学生面前，加快学生对学习内容的理解。角色扮演会让学生有"代入感"，觉得别人的"事"是自己做的，别人的"话"也是自己说的，能够让学生深入其中，较好地理解学习内容。

### （三）启发想象，移情体验

移情体验，就是学生利用原有的知识、表象或者经验，展开再造想象和创造想象，从而使意境更丰富，使自己的认识、情感、经验得到升华。教师应从教材的内容和学生的实际出发，引导学生创造与教材内容相适应的氛围和场景，让学生亲自体验、主动探究，从而实现情感的升华，并能够更深刻地理解学习内容。

## 三、 认知教学

现代认知心理学认为，学习是认知结构的组织与重新组织，强调已有认知结构和经验的作用，也强调学习材料本身的内在逻辑结构。认知教学以认知心理学为理论依据，重视感知、理解、逻辑思维等智力活动在获取知识过程中的积极作用。注重听、说、读、写齐头并进以及学生的全面发展是其特点之一。认知教学强调以学生为中心进行有意义的教学，有利于调动学生的学习兴趣和积极性，培养学生的创造性思维。而以认知教学促进学生体验的方法是指教师指导学生正确认识人和事，在认识过程中加深理解，从而深化体验。

秋天的雨（第二课时，节选）

步骤一：趣谈秋天，谈话引入

秋天的雨是一把钥匙，是一盒五彩缤纷的颜料，它藏着非常好闻的气味，它还会吹金色的小喇叭呢！同学们是想看看秋雨的颜色，想闻闻秋雨的气味，还是想听听秋雨的声音呢？

步骤二：品读课文，感受秋天

1. 自主选择学习内容，小组交流。

（你看到了什么？你闻到了什么？你听到了什么？）

2. 个别汇报，相机点拨，朗读体会

（1）喜爱秋雨的颜色的同学，看到秋雨的色彩了吗？请给大家讲讲。

（2）课件展示（说一说，填一填描写颜色的词语。）

（3）大家明白为什么说秋雨"五彩缤纷"了吗？你喜欢哪种颜色？把相关句子读给大家听。还有哪些颜色呢？仿照上面句子的形式说一说。

（4）听说秋天的雨滴里藏着非常好闻的气味，我们班哪位同学被那诱人的香味勾住了？想象一下，说说看，秋天的雨里还有哪些香味？（边说边扩展）

（5）秋天到了，水果成熟了，散发出阵阵诱人的香味，令人陶醉！（引导朗读）

（6）秋天的雨吹起了金色的小喇叭，同学们听到了什么？还有谁也听到了？（引读课文）

（7）同学们，你们喜欢秋天的雨吗？（并让学生说说喜欢的原因）

步骤三：自主选择，感情朗读

（略）

真心是教育的 **底色**
谭永焕与真心教育

步骤四：拓展延伸，鼓励展示

（略）

（节选自湛江市第十二小学教案选编《秋天的雨》，

原文有删改，作者：黄娟）

## （一）以认识自然促体验

刘勰说："登山则情满于山，观海则意溢于海。"对于学生来说，大自然就在身边。日月星辰、春夏秋冬、山水花草、鸟兽虫鱼，这些美好的事物是学生天天都可以看到的，它们能给学生新奇感、美感、趣味感，有助于发展学生的联想、想象或者幻想等创造性思维。[1] 教学场所，不应只局限于课堂，应让学生走向大自然，让学生在其中体验万物。教师可以根据实际情况，组织学生到教室外感受自然，让学生有所发现、有所感受、有所体验。此外，教师可以借助多媒体展示山川河流、雨水霜雪、山村小溪等美景，让学生在有限的空间内感受大自然的造物之美，丰富学生对大自然的认识，深化学生对大自然的体验。

## （二）以认识社会促体验

随着新课程改革的深入，教育越来越重视培养学生的社会参与意识和动手实践能力。社会是学生成长的重要环境，教育中不能缺少社会体验。在学校里，学生对社会的认识往往是感性的、零星的。因此，教师要培养学生对社会场景、生活细节、人物言行等因素的观察，让学生对社会生活、人际交往等社会现象有自己的体验。在课堂上，教师可以适当地呈现一些社会现象，并让学生通过恰当的词语来描述社会现象，以求学生对社会有一个清晰的认识，并形成深刻而系统的体验。

## （三）以认识自我促体验

认识自我，是对自己以及自己与周围环境关系的认识，包括对个体存

---

[1]　杨四耕. 新课程课堂教学探索系列：体验教学［M］. 福州：福建教育出版社，2005.

在的认识，对个体身体、心理、社会特征等方面的认识。认识自我可以通过观察、分析外部活动以及情景、社会比较等途径实现。学生对自己的行为通常是无意识的，对自身的认识也是比较模糊的。因此，教师要充分利用课程等资源帮助学生认识自己、悦纳自己并发展自己，让学生在认识自我的体验中得到发展与提升。在以认识自我促进体验的过程中，教师除了要把握教材呈现的知识外，更应注重和认可学生的独特体验与认识。因为每个学生的独特体验都在间接地反映学生本身的世界观与人生观。

体验教学是一种以人的生命发展为归依的教学，它要求我们在尊重生命、关怀生命的同时拓展生命，提升生命的价值。体验教学也是一种适应新课程改革与实施素质教育的教学方法。

"没有一番追求，人生就如枯枝败叶，了无生机；没有一番追求，生命将如断水之河，白沙一片；没有一番追求，人的精神世界将荒芜贫瘠，苍凉无比。"谭永焕是一个有追求的人，而这种"追求"也是一种人生体验。

# 西南师范大学出版社
# 《名师工程》系列丛书目录

| 系列 | 序号 | 书　　名 | 主编 | 定价 |
|---|---|---|---|---|
| 码名<br>系师<br>列解 | 1 | 《教育需要播种温暖——谢文东与儒雅教育》 | 余　香　陈柔羽<br>王林发 | 28.00 |
| | 2 | 《为了未来设计教育——梁哲与探究教育》 | 冼柳欣　肖东阳<br>王林发 | 28.00 |
| | 3 | 《真心是教育的底色——谭永焕与真心教育》 | 谭永焕　温静瑶<br>王林发 | 28.00 |
| | 4 | 《做超越自我的教师——刘海涛与创新教育》 | 王林发　陈晓凤<br>欧诗停 | 28.00 |
| | 5 | 《打造灵动的教育场——张旭与情感教育》 | 范雪贞　邹小丽<br>王林发 | 28.00 |
| 堂高<br>系效<br>列课 | 6 | 《让数学课堂更高效——教研员眼中的教学得失》 | 朱志明 | 30.00 |
| | 7 | 《从教会到教慧——小学生数学学习能力的培养艺术》 | 滕　云 | 30.00 |
| | 8 | 《用什么提高课堂效率——有效数学课必须关注的 10 大要素》 | 赵红婷 | 30.00 |
| | 9 | 《让作文更轻松——小学作文高效教学 36 锦囊》 | 李素环 | 30.00 |
| | 10 | 《让研究性学习更高效——研究性学习施教指导策略》 | 欧阳仁宣 | 30.00 |
| | 11 | 《让母语融入学生心灵——提升学生语文素养的高效施教艺术》 | 黄桂林 | 30.00 |
| 创新<br>课堂<br>系列 | 12 | 《小学语文"三环节"阅读教学法——自学、读讲、实践》 | 薛发武 | 30.00 |
| | 13 | 《个性化课堂教学艺术：小学语文》 | 商德远 | 30.00 |
| | 14 | 《如何实现三维目标——让学生与文本共鸣的诵读教学》 | 张连元 | 30.00 |
| | 15 | 《想说　会说　有话可说——突破作文瓶颈的三维教学法》 | 杨和平 | 30.00 |
| | 16 | 《综合课的整合创新教学》 | 周辉兵 | 30.00 |
| | 17 | 《如何打造学生喜欢的音乐课堂》 | 张　娟 | 30.00 |
| | 18 | 《理想课堂的构建与实施——一个教研员眼中的理想课堂》 | 张玉彬 | 30.00 |
| | 19 | 《小学语文：决定教学质量的关键策略》 | 李　楠 | 30.00 |
| | 20 | 《用〈论语〉思想提升数学教育智慧》 | 胡爱民 | 30.00 |
| | 21 | 《童化作文——浸润儿童心灵的作文教学》 | 吴　勇 | 30.00 |
| 系名<br>列校 | 22 | 《人本与生本：管理与德育的双重根基》 | 广州市广外附设外语学校 | 30.00 |
| | 23 | 《生本与生成：高效教学的两轮驱动》 | 广州市广外附设外语学校 | 30.00 |
| | 24 | 《世界视野与现代意识：校本课程开发的二元思维》 | 广州市广外附设外语学校 | 30.00 |
| | 25 | 《让每个生命都精彩——生命教育校本实践策略》 | 王鹏飞 | 30.00 |
| | 26 | 《好学校，从关注每个学生开始<br>　　——石梅小学优质教育多元感悟》 | 顾　泳　张文质 | 30.00 |
| 鲁<br>派<br>名<br>师<br>系<br>列<br>·<br>教<br>育<br>探<br>索<br>者 | 27 | 《追问历史教学之道》 | 钟红军 | 36.00 |
| | 28 | 《灵动英语课——高效外语教学氛围创设艺术》 | 邵淑红 | 30.00 |
| | 29 | 《校园，幸福教育的栖居》 | 武际金 | 30.00 |
| | 30 | 《复调语文——尊重生命自我成长的语文教学》 | 孙云霄 | 30.00 |
| | 31 | 《智趣数学课——在情感深处激发学生的数学智能》 | 王冬梅 | 30.00 |
| | 32 | 《高品位"悦读"——让情感与心灵更愉悦的阅读教学》 | 马彩清 | 30.00 |
| | 33 | 《品诵教学——感悟母语神韵的阅读教学》 | 侯忠彦 | 30.00 |
| | 34 | 《智趣化学课——在快乐中提升学生的科学素养》 | 张利平 | 30.00 |

| 系列 | 序号 | 书　　　名 | 主编 | 定价 |
|---|---|---|---|---|
| 思想者系列 | 35 | 《回归教育的本色》 | 马恩来 | 30.00 |
| | 36 | 《守护教育的本真》 | 陈道龙 | 30.00 |
| | 37 | 《教育，倾听心灵的声音》 | 李荣灿 | 30.00 |
| | 38 | 《心根课堂——让教育随学生心灵起舞》 | 刘云生 | 30.00 |
| | 39 | 《做一个纯粹的教师》 | 许丽芬 | 26.00 |
| | 40 | 《率性教书》 | 夏　昆 | 26.00 |
| | 41 | 《为爱教书》 | 马一舜 | 26.00 |
| | 42 | 《课堂，诗意还在》 | 赵赵（赵克芳） | 26.00 |
| | 43 | 《今日教育之民间立场》 | 子虚（扈永进） | 30.00 |
| | 44 | 《教育，细节的深度反思》 | 许传利 | 30.00 |
| | 45 | 《追寻教育的真谛——许锡良教育思考录》 | 许锡良 | 30.00 |
| | 46 | 《做爱思考的教师》 | 杨守菊 | 30.00 |
| 鲁派名校系列·教育探索者系列 | 47 | 《博弈中的追求——一位中学校长的"零"作业抉择》 | 李志欣 | 30.00 |
| | 48 | 《大教育视野下的特色课程构建——海洋教育的开发实施》 | 白刚勋 | 30.00 |
| 名师教学手记系列 | 49 | 《唤醒生命的对话——孙建锋语文教学手记》 | 孙建锋 | 30.00 |
| | 50 | 《让作文教学更高效——王学东写作教学手记》 | 王学东 | 30.00 |
| 名校长核心思想系列 | 51 | 《智圆行方——智慧校长的50项管理策略》 | 胡美山　李绵军 | 30.00 |
| | 52 | 《做一个智慧的校长》 | 孙世杰 | 30.00 |
| | 53 | 《成为有思想的校长》 | 赵艳然 | 30.00 |
| 创新班主任系列 | 54 | 《班主任专业化成长策略》 | 杨连山 | 30.00 |
| | 55 | 《班级活动创新与问题应对》 | 杨连山　杨照　张国良 | 30.00 |
| | 56 | 《班集体建设与创新人才培养》 | 李国汉 | 30.00 |
| | 57 | 《神奇的教育场——打造特色班级文化创新艺术》 | 李德善 | 30.00 |
| 教研系列提升 | 58 | 《校本教研的7个关键点》 | 孙瑞欣 | 30.00 |
| | 59 | 《教师怎样做小课题研究——高效助力教师专业化成长》 | 徐世贵　刘恒贺 | 30.00 |
| | 60 | 《今天我们应怎样评课》 | 张文质　陈海滨 | 30.00 |
| | 61 | 《今天我们应怎样进行教学反思》 | 张文质　刘永席 | 30.00 |
| | 62 | 《一节好课需要的教育智慧》 | 张文质　姚春杰 | 30.00 |
| 优化教学系列 | 63 | 《高效教学组织的优化策略》 | 赵雪霞 | 30.00 |
| | 64 | 《高效教学方法的优化策略》 | 任　辉 | 30.00 |
| | 65 | 《高效教学过程的优化策略》 | 韩　锋 | 30.00 |
| | 66 | 《让教学更生动——激发兴趣让学生快乐认知》 | 朱良才 | 30.00 |
| | 67 | 《让教学更高效——策略创新让教学事半功倍》 | 孙朝仁 | 30.00 |
| | 68 | 《让教学更开放——拓展延伸让学生触类旁通》 | 焦祖卿　吕　勤 | 30.00 |
| | 69 | 《让教学更生活——体验运用让学生内化知识》 | 强光峰 | 30.00 |
| | 70 | 《让知识更系统——整合与概括让学生建构体系》 | 杨向谊 | 30.00 |
| | 71 | 《让思维更创新——思辨与发散让学生思维活跃》 | 朱良才 | 30.00 |

| 系列 | 序号 | 书　　　名 | 主编 | 定价 |
|---|---|---|---|---|
| 创新语文教学系列 | 72 | 《曹洪彪新概念快速作文》 | 曹洪彪 | 30.00 |
| | 73 | 《小学语文：享受对话教学》 | 孙建锋 | 30.00 |
| | 74 | 《小学语文：名师教学目标落实艺术》 | 刘海涛　王林发 | 30.00 |
| | 75 | 《小学语文：名师魅力教学设计艺术》 | 刘海涛　王林发 | 30.00 |
| | 76 | 《小学语文：名师魅力课堂激趣艺术》 | 刘海涛　豆海湛 | 30.00 |
| | 77 | 《小学语文：单元整体教学构建艺术》 | 李怀源 | 30.00 |
| | 78 | 《小学作文：名师情趣课堂创设艺术》 | 张化万 | 30.00 |
| 名师名课系列 | 79 | 《名师如何炼就名课》（美术卷） | 李力加 | 35.00 |
| 教师成长系列 | 80 | 《做会研究的教师》 | 姚小明 | 30.00 |
| | 81 | 《学学名师那些事》 | 孙志毅 | 30.00 |
| | 82 | 《给新教师的建议》 | 李镇西 | 30.00 |
| | 83 | 《教师心灵读本：成为有思想的教师》 | 肖　川 | 30.00 |
| | 84 | 《教师心灵读本：教师，做反思的实践者》 | 肖　川 | 30.00 |
| 幼师提升系列 | 85 | 《全国优秀幼儿健康教育活动课例评析》 | 教育部教育管理信息中心 | 30.00 |
| | 86 | 《全国优秀幼儿艺术教育活动课例评析》 | 教育部教育管理信息中心 | 30.00 |
| | 87 | 《全国优秀幼儿社会教育活动课例评析》 | 教育部教育管理信息中心 | 30.00 |
| | 88 | 《全国优秀幼儿语言教育活动课例评析》 | 教育部教育管理信息中心 | 30.00 |
| | 89 | 《全国优秀幼儿科学教育活动课例评析》 | 教育部教育管理信息中心 | 30.00 |
| 教师修炼系列 | 90 | 《班主任工作行为八项修炼》 | 杨连山 | 30.00 |
| | 91 | 《教师心理健康六项修炼》 | 李慧生 | 30.00 |
| | 92 | 《教师专业化五项修炼》 | 杨连山　田福安 | 30.00 |
| | 93 | 《课堂教学素养五项修炼》 | 刘金生　霍克林 | 30.00 |
| | 94 | 《高效教学技能十项修炼》 | 欧阳芬　诸葛彪 | 30.00 |
| | 95 | 《教师新师德六项修炼》 | 王毓珣　王　颖 | 30.00 |
| 创新数学教学系列 | 96 | 《小学数学：名师教学目标落实艺术》 | 余文森 | 30.00 |
| | 97 | 《小学数学：名师高效教学设计艺术》 | 余文森 | 30.00 |
| | 98 | 《小学数学：名师易错问题针对教学》 | 余文森 | 30.00 |
| | 99 | 《小学数学：名师魅力课堂激趣艺术》 | 余文森 | 30.00 |
| | 100 | 《小学数学：名师同课异教》 | 林高明　陈燕香 | 30.00 |
| | 101 | 《小学数学：名师抽象问题艺术教学》 | 余文森 | 30.00 |
| 教育心理系列 | 102 | 《做最好的心理导师——中学生心理健康咨询手册》 | 杨　东 | 30.00 |
| | 103 | 《每天学点教育心理学》 | 石国兴　白晋荣 | 30.00 |
| | 104 | 《学生心理拓展训练与指导》 | 徐岳敏 | 30.00 |
| | 105 | 《好心态成就好学生——学生心理问题剖析与对症教育》 | 李韦遴 | 30.00 |
| 教育通识系列 | 106 | 《用心做教师——青年教师快速成长的十大定律》 | 王福强 | 30.00 |
| | 107 | 《做最受学生欢迎的老师》 | 赵馨　许俊仪 | 30.00 |
| | 108 | 《做有策略的校长——经典寓言与学校管理智慧》 | 宋运来 | 30.00 |
| | 109 | 《做有策略的教师——经典故事中的教育启示》 | 孙志毅 | 30.00 |
| | 110 | 《从学生那里学教书》 | 严育洪 | 30.00 |
| | 111 | 《突破平庸——提升教育质量的31个跳板》 | 严育洪 | 30.00 |
| | 112 | 《教育，诗意地栖居》 | 朱华忠 | 30.00 |
| | 113 | 《好班规打造好班级》 | 赵　凯 | 30.00 |
| | 114 | 《做学生成长的引领者——学生终身成长的素质培养》 | 田祥珍 | 30.00 |
| | 115 | 《如何管出好班级——突破班级管理的四大瓶颈》 | 刘令军 | 30.00 |
| | 116 | 《青春期性教育教师实用手册》 | 闵乐夫 | 30.00 |

| 系列 | 序号 | 书　　　名 | 主编 | 定价 |
|---|---|---|---|---|
| 高中新课程系列 | 117 | 《高中新课程：教师角色转变细节》 | 缪水娟 | 30.00 |
| | 118 | 《高中新课程：班主任新兵法细节》 | 李国汉　杨连山 | 30.00 |
| | 119 | 《高中新课程：教学管理创新细节》 | 陈　文 | 30.00 |
| | 120 | 《高中新课程：更有效的评价细节》 | 李淑华 | 30.00 |
| 教学新突破系列 | 121 | 《把教学目标落实到位——名师优质课堂的效率管理》 | 冯增俊 | 30.00 |
| | 122 | 《拿什么调动学生——名师生态课堂的情绪管理》 | 胡　涛 | 30.00 |
| | 123 | 《零距离施教——名师和谐师生关系的构建艺术》 | 贺　斌 | 30.00 |
| | 124 | 《一个都不能落——名师提升学困生的针对教学》 | 侯一波 | 30.00 |
| | 125 | 《让学习变得更轻松——名师最能吸引学生的情境设计》 | 施建平 | 30.00 |
| | 126 | 《让知识变得更易学——名师改造难学知识的优化艺术》 | 周维强 | 30.00 |
| 名师讲述系列 | 127 | 《施教先施爱——名师讲述班主任的核心教导力》 | 杨连山　魏永田 | 30.00 |
| | 128 | 《在欢乐中成长——名师讲述最具活力的课堂愉快教学》 | 王斌兴 | 30.00 |
| | 129 | 《让学生做自己的老师——名师讲述如何提升学生自主学习能力》 | 徐学福　房　慧 | 30.00 |
| | 130 | 《引领学生高效学习——名师讲述如何提高学生课堂学习效率》 | 刘世斌 | 30.00 |
| | 131 | 《教育从心灵开始——名师讲述最能感动学生的心灵教育》 | 张文质 | 30.00 |
| 教育细节系列 | 132 | 《名师最具渲染力的口才细节》 | 高万祥 | 30.00 |
| | 133 | 《名师最有效的沟通细节》 | 李　燕　徐　波 | 30.00 |
| | 134 | 《名师最有效的激励细节》 | 张　利　李　波 | 30.00 |
| | 135 | 《名师培养学生好习惯的高效细节》 | 李文娟　郭香萍 | 30.00 |
| | 136 | 《名师人格教育的经典细节》 | 齐　欣 | 30.00 |
| | 137 | 《名师营造课堂氛围的经典细节》 | 高　帆　李秀华 | 30.00 |
| | 138 | 《名师最有效的赏识教育细节》 | 李慧军 | 30.00 |
| | 139 | 《名师最有效的批评细节》 | 沈　旎 | 30.00 |
| 教育管理力系列 | 140 | 《名校激励管理促进力》 | 周　兵 | 30.00 |
| | 141 | 《名校安全管理执行力》 | 袁先潋 | 30.00 |
| | 142 | 《名校师资团队建设力》 | 赵圣华 | 30.00 |
| | 143 | 《名校危机管理应对力》 | 李明汉 | 30.00 |
| | 144 | 《名校校本研究创新力》 | 李春华 | 30.00 |
| | 145 | 《学校文化力建设策略》 | 袁先潋 | 30.00 |
| | 146 | 《名校长核心教育力》 | 陶继新 | 30.00 |
| | 147 | 《名校长高绩效领导力》 | 周辉兵 | 30.00 |
| | 148 | 《名校行政管理细节力》 | 杨少春 | 30.00 |
| | 149 | 《名校教学管理提升力》 | 张　韬　戴诗银 | 30.00 |
| | 150 | 《名校学生管理教导力》 | 田福安 | 30.00 |
| | 151 | 《名校校园文化构建力》 | 岳春峰 | 30.00 |
| 大师讲坛系列 | 152 | 《大师谈教育心理》 | 肖　川 | 30.00 |
| | 153 | 《大师谈教育激励》 | 肖　川 | 30.00 |
| | 154 | 《大师谈教育沟通》 | 王斌兴　吴杰明 | 30.00 |
| | 155 | 《大师谈启蒙教育》 | 周　宏 | 30.00 |
| | 156 | 《大师谈教育管理》 | 樊　雁 | 30.00 |
| | 157 | 《大师谈儿童人格塑造》 | 齐　欣 | 30.00 |
| | 158 | 《大师谈儿童习惯培养》 | 唐西胜 | 30.00 |
| | 159 | 《大师谈儿童能力培养》 | 张启福 | 30.00 |
| | 160 | 《大师谈早恋与性教育》 | 闵乐夫 | 30.00 |
| | 161 | 《大师谈儿童情感教育》 | 张光林　张　静 | 30.00 |

| 系列 | 序号 | 书　　名 | 主编 | 定价 |
|---|---|---|---|---|
| 教学提升系列 | 162 | 《方法总比问题多——名师转变棘手学生的施教艺术》 | 杨志军 | 30.00 |
| | 163 | 《用特色吸引学生——名师最受欢迎的特色教学艺术》 | 卞金祥 | 30.00 |
| | 164 | 《让学生爱上课堂——名师高效课堂的引导艺术》 | 邓　涛 | 30.00 |
| | 165 | 《拿什么打开思路——名师最吸引学生的课堂切入点》 | 马友文 | 30.00 |
| | 166 | 《没有记不牢的知识——名师最能提升学生记忆效果的秘诀》 | 谢定兰 | 30.00 |
| | 167 | 《让学生的思维活起来——名师最激发潜能的课堂提问艺术》 | 严永金 | 30.00 |

**图书在版编目（CIP）数据**

真心是教育的底色：谭永焕与真心教育/谭永焕，温静瑶，王林发著. —重庆：西南师范大学出版社，2015.1

（名师工程系列丛书）

ISBN 978-7-5621-7198-0

Ⅰ.①真… Ⅱ.①谭…②温…③王… Ⅲ.①中小学—师资培养 Ⅳ.①G635.12

中国版本图书馆 CIP 数据核字（2014）第 288544 号

**名师工程系列丛书**

**编委会主任：**马　立　宋乃庆
**总策划：**周安平
**策　划：**李远毅　卢　旭　郑持军　郭德军

**真心是教育的底色——谭永焕与真心教育**

谭永焕　温静瑶　王林发　著

**责任编辑：**杜珍辉　闫丽春
**文字编辑：**鲁　艺
**封面设计：**天之赋设计室
**出版发行：**西南师范大学出版社
　　　　　　地址：重庆市北碚区天生路 1 号
　　　　　　邮编：400715　市场营销部电话：023-68868624
　　　　　　http://www.xscbs.com
**经　　销：**新华书店
**印　　刷：**重庆紫石东南印务有限公司
**开　　本：**787mm×1092mm　1/16
**印　　张：**11.5
**字　　数：**163 千字
**版　　次：**2015 年 1 月　第 1 版
**印　　次：**2015 年 1 月　第 1 次
**书　　号：**ISBN 978-7-5621-7198-0

**定　　价：**28.00 元